1 단계

|50일 완성|

혼자배우는
일본어
첫걸음

|손건 지음|

제일어학

머 리 말

　일본어는 우리말과 같은 어족(語族)에 속하고 어법이 비슷하여 누구나 쉽게 배울 수 있다는 인식을 가지고 있습니다. 전혀 다른 계통의 언어에 비해 확실히 일본어는 배우기가 쉬운 언어입니다. 그러나 막상 배우려고 하면 일본어가 어렵게 느껴지는 까닭은 무엇일까요?

　그것은 일본어를 공부하기 위한 교재는 수없이 많지만 대부분 맛보기에 그치거나 어렵게 꾸며져 있어 도저히 혼자서는 배울 수 없기 때문입니다. 그래서 필자는 이런 안타까운 현실을 감안하여 혼자서 쉽고 빠르게 일본어의 모든 것을 알 수 있도록 교재 연구와 일선의 풍부한 강의 경험을 바탕으로 자신있게 「혼자 배우는 일본어 첫걸음(1·2·3단계)」를 엮었습니다.

　이 책의 특징은,

1. **학습 목표**　각 과마다 무엇을 주제로 공부할 것인가를 한눈에 알아볼 수 있도록 배려하였다.

2. **본문**　본문은 생동감이 넘치는 현장 일본어로 꾸몄으며, 내용을 충분히 이해할 수 있도록 가능한 직역하였다.

3. **한자읽기**　각 과에 나오는 모든 한자 어휘를 반복 연습할 수 있도록 정리하였다.

4. **어구 해석**　새로 나온 어휘를 정리하여 해석을 보지 않고 스스로 번역

할 수 있도록 하였다.

5. **문형 연습** 각 과의 핵심이 되는 문형을 통해 본문을 충분히 소화할 수 있도록 하였다.

6. **어법 해설** 본문을 중심으로 문법과 문형을 학원 강의식으로 알기 쉽고 자세하게 설명하였다.

7. **연습 문제** 각 과에 나오는 문법과 문형을 다시 반복 연습할 수 있도록 하였다.

끝으로, 이 교재는 50일 완성(전3권)으로 꾸며져 있으므로 계획을 세워 성실하게 공부하면 빠른 시일 내에 일본어를 완벽하게 독파할 수 있으리라 생각합니다.

저자 孫 建

차 례

■ 첫걸음
① 일본어란 ………………………………………………… 8
② 일본어의 문자 …………………………………………… 9
③ 일본어의 발음 …………………………………………… 11
④ 일본어의 표기법 ………………………………………… 50

■ 1단계
1. これは ほんです ……………………………………… 55
　(이것은 책입니다)
2. わたしは のむらです ………………………………… 67
　(나는 노무라입니다)
3. これは あなたの とけいですか ………………… 77
　(이것은 당신의 시계입니까)
4. この ふくは あおいです …………………………… 87
　(이 옷은 파랗습니다)
5. ここに でんわが あります ……………………… 99
　(여기에 전화가 있습니다)
6. はじめまして ………………………………………… 111
　(처음뵙겠습니다)

7. 日本語を習います ················· 123
   (일본어를 배웁니다)
8. 財布を落しました ················· 137
   (지갑을 잃었습니다)
9. 机がいくつありますか ················· 149
   (책상이 몇 개 있습니까)
10. 買い物 ················· 159
    (쇼핑)
11. 木村さんの家族 ················· 171
    (기무라 씨의 가족)
12. 毎朝何時に起きますか ················· 183
    (매일 아침 몇 시에 일어납니까)
13. 先週の土曜日は雨でした ················· 195
    (지난 주 토요일은 비가 왔습니다)
14. うちを出て新宿駅まで歩きました ················· 207
    (집을 나와 신쥬꾸역까지 걸었습니다)

■ 부록(필수어휘) ················· 221

첫걸음

■ 문자와 발음

1일

5일

1. 일본어란

① 현대 일본어

현대 일본어는 크게 구어(口語)와 문어(文語)로 나눈다. 구어란 일상 회화나 현대어로 쓰여진 문장을 말한다.

문어는 고어(古語)로 옛부터 전해오는 문장체를 말하며 현대어의 문법과는 다르고 어려운 한자를 많이 사용해 지금은 전통 시가 등에만 한정되어 쓰인다.

② 일본어의 어휘

일본어 어휘는 순수한 일본어인 고유어 이외에, 외국에서 들어온 영어, 불어, 독일어, 스페인어 등 외래어가 있으며, 이 외래어는 가따까나로 표기하여 고유어와 구별하고 있다. 그러나 중국에서 들어온 한자 어휘는 요즘은 거의 외래어라는 의식이 희박하여 순수 일본어처럼 쓰이고 있다.

③ 문법

일본어의 어순(語順)은 우리말과 비슷하여 다른 외국어에 비해 배우기가 수월하다. 일본어 문법은 우리말 문법과 마찬가지로 단수와 복수의 개념이 뚜렷하지 않고 성(性)의 구별이 없으며, 경어법의 발달과 용언의 활용 등을 들 수 있다.

2. 일본어의 문자

　일본어의 문자는 특이하게 「한자(漢字)」와 「히라가나(ひらがな)」, 「가따까나(カタカナ)」를 병용해서 사용한다. 히라가나와 가따까나를 합쳐서 「가나(かな)」문자라고 하며 우리 한글처럼 표음문자(表音文字)이다.

① 히라가나(ひらがな)

　히라가나는 한자의 일부분을 따거나 획을 간단히 한 문자로 헤이안(9세기경)시대 궁정귀족의 여성들에 의해 쓰여진 문자로 지금은 문장을 표기할 때 일반적으로 가상 낳이 쓰인 문자이다.

② 가따까나(カタカナ)

　가따까나는 한자의 일부분을 따거나 획을 간단히 한 문자로 헤이안(9세기경)시대부터 스님들이 불경의 강독을 들을 때, 그 발음을 표기하기 위해 쓰여진 문자로 지금은 외래어, 전보문, 의성어 등, 어려운 한자로 표기해야 할 동식물의 명칭이나 주의를 환기시킬 때 주로 쓰인다.
　히라가나와 가따까나는 발음은 같지만 이처럼 표기에 차이를 두고 있다.

③ 한자(漢字)

　한자는 내각 고시로 제정한 상용한자(常用漢字), 1945자를

사용하고 있다. 한자의 읽기는 음독(音読)과 훈독(訓読)이
있으며, 우리와는 달리 읽는 방법이 다른 것도 있으므로 다소
어려움이 있다. 또한 일본식 약자를 사용하기 때문에 우리가
쓰는 정자(正字)로 쓰면 안된다.

④ 오십음도(五十音図)

「히라가나(ひらがな)」와 「가따까나(カタカナ)」를 합쳐서
「가나(かな)」라고 하며, 이것을 일정한 순서로 다섯 자씩 10
행으로 배열한 것을 「오십음도」라고 한다.

아 あ	이 い	우 う	에 え	오 お	아 ア	이 イ	우 ウ	에 エ	오 オ
카 か	키 き	쿠 く	케 け	코 こ	카 カ	키 キ	쿠 ク	케 ケ	코 コ
사 さ	시 し	스 す	세 せ	소 そ	사 サ	시 シ	스 ス	세 セ	소 ソ
타 た	찌 ち	쯔 つ	테 て	토 と	타 タ	찌 チ	쯔 ツ	테 テ	토 ト
나 な	니 に	누 ぬ	네 ね	노 の	나 ナ	니 ニ	누 ヌ	네 ネ	노 ノ
하 は	히 ひ	후 ふ	헤 へ	호 ほ	하 ハ	히 ヒ	후 フ	헤 ヘ	호 ホ
마 ま	미 み	무 む	메 め	모 も	마 マ	미 ミ	무 ム	메 メ	모 モ
야 や	이 (い)	유 ゆ	에 (え)	요 よ	야 ヤ	이 (イ)	유 ユ	에 (エ)	요 ヨ
라 ら	리 り	루 る	레 れ	로 ろ	라 ラ	리 リ	루 ル	레 レ	로 ロ
와 わ	이 (い)	우 (う)	에 (え)	오 を	와 ワ	이 (イ)	우 (ウ)	에 (エ)	오 ヲ
응 ん					응 ン				

3. 일본어의 발음

1 청음(清音 : せいおん)

청음(清音)은 오십음도에 나오는 각 음절의 가나(かな)에 탁점(濁音)을 붙이지 않은 글자를 말하며, 성대를 울리지 않는 무성음(無声音)의 맑은 소리를 말한다.

(1) 히라가나(ひらがな)

분류	あ行	か行	さ行	た行	な行	は行	ま行	や行	ら行	わ行
(아단) あ段	あ a	か ka	さ sa	た ta	な na	は ha	ま ma	や ya	ら ra	わ wa
(이단) い段	い i	き ki	し si	ち chi	に ni	ひ hi	み mi	(い) i	り ri	(い) i
(우단) う段	う u	く ku	す su	つ tsu	ぬ nu	ふ hu	む mu	ゆ yu	る ru	(う) u
(에단) え段	え e	け ke	せ se	て te	ね ne	へ he	め me	(え) e	れ re	(え) e
(오단) お段	お o	こ ko	そ so	と to	の no	ほ ho	も mo	よ yo	ろ ro	を o

(2) 가따까나(カタカナ)

분류	ア行	カ行	サ行	タ行	ナ行	ハ行	マ行	ヤ行	ラ行	ワ行
(아단) ア段	ア a	カ ka	サ sa	タ ta	ナ na	ハ ha	マ ma	ヤ ya	ラ ra	ワ wa
(이단) イ段	イ i	キ ki	シ si	チ chi	ニ ni	ヒ hi	ミ mi	(イ) i	リ ri	(イ) i
(우단) ウ段	ウ u	ク ku	ス su	ツ tsu	ヌ nu	フ hu	ム mu	ユ yu	ル ru	(ウ) u
(에단) エ段	エ e	ケ ke	セ se	テ te	ネ ne	ヘ he	メ me	(エ) e	レ re	(エ) e
(오단) オ段	オ o	コ ko	ソ so	ト to	ノ no	ホ ho	モ mo	ヨ yo	ロ ro	ヲ o

❶ あ행　　　(ㅇ + ㅏ · ㅣ · ㅜ · ㅔ · ㅗ)

아 あ a	이 い i	우 う u	에 え e	오 お o
ア	イ	ウ	エ	オ

☞ 우리말의 「아·이·우·에·오」와 발음이 같으며 「う(우)」는 「으」와 「우」의 중간음으로 입술이 앞으로 튀어나오지 않도록 주의해야 한다. 일본어의 모음은 이 다섯 개밖에 없다.

아 이
あい (사랑)

이 에
いえ (집)

우 에
うえ (위)

아 오 이
あおい (파랗다)

에 아
エア (공기)

우 오
ウオ (전쟁)

이 아
イア (귀)

우 에 아
ウエア (의복)

◉ 쓰기 연습

ー	ナ	あ	い	い	い	`	う
う		`	え	え	、	ナ	お
⌐	⌐ア	ア	ノ	ノイ	イ	'	''
ウ		ー	丁	エ	ー	ナ	オ

❷ か행　　　　　(ㅋ+ㅏ·ㅣ·ㅜ·ㅔ·ㅗ)

카	키	쿠	케	코
か ka	き ki	く ku	け ke	こ ko
カ	キ	ク	ケ	コ

☞ 단어의 첫머리에 올 때는 우리말의 「가·기·구·게·고」와 비슷한 발음이지만 「ㄱ」과 영어의 「k」음의 중간음이라 할 수 있다. 단, 단어의 중간이나 끝에 올 때는 된소리인 「까·끼·꾸·께·꼬」로 발음이 된다.

かき (감)　　　　　きく (듣다)

けいか (경과)　　　　ここ (여기)

カー (자동차)　　　　コーク (콜라)

カーキ (흙색)　　　ケーオ (KO)

◘ 쓰기 연습

つ	カ	か	ー	=	き	ノ	く
く	し	に	け	ー	こ	こ	
つ	カ	カ	ー	=	キ	ノ	ク
ク	ノ	ノ	ケ	ー	コ	コ	

❸ さ행 　　　　　(ㅅ＋ ㅏ・ㅣ・ㅜ・ㅔ・ㅗ)

사	시	스	세	소
さ	し	す	せ	そ
sa	si	su	se	so
サ	シ	ス	セ	ソ

☞ 우리말의 「사・시・스・세・소」와 같은 발음이다. 단, 「す」는 우리말의 「스」와 「수」의 중간음으로 입술이 앞으로 튀어나오지 않도록 발음해야 한다.

사 끼
さき (앞)

아 세
あせ (땀)

사 까 스
サーカス (서커스)

소 스
ソース (소스)

스 시
すし (초밥)

소 꼬
そこ (거기)

시 소
シーソー (시소)

새 꾸 시
セクシー (섹시)

◫ 쓰기 연습

`	†	さ		し	し	し		―	す
す		―	ナ	せ		ˇ	⼮	そ	
―	ナ	サ		`	ˎ	シ		―	フ
ス		―	⼂	セ	セ		ˎ	ソ	ソ

❹ た행　　　　(ㅌ＋ㅏ・ㅣ・ㅜ・ㅔ・ㅗ)

타	찌	쯔	테	토
た	**ち**	**つ**	**て**	**と**
ta	chi	tsu	te	to
タ	**チ**	**ツ**	**テ**	**ト**

☞ 단어의 첫머리에 나올 때 「た・ち・と」는 우리말의 「다・데・도」로 발음이 되지만, 단어의 중간이나 끝에 올 때는 「따・떼・또」로 발음이 된다. 하지만 「ち」와 「つ」는 우리말로 정확히 표현하기 어렵다. 「ち」는 우리말의 「찌」와 「지」의 중간음으로 하면 무난할 것 같다. 「つ」도 「쯔」와 「쓰」의 중간음으로 앞니의 위아래를 맞추어 가볍게 발음하면 된다. 이 책에서는 편의상 한글 토를 「ち」를 「찌」로, 「つ」를 「쯔」로 표기하였다.

다 꼬
たこ (문어)

쯔 찌
つち (흙)

데 쯔
てつ (철)

이 또
いと (실)

토 치 카
トーチカ (토치카)

테 끼 스 또
テキスト (교과서)

◉ 쓰기 연습

ー	ナ	た	ー	ナ	ち	つ	つ
つ	ー	て	て	丶	と	と	
ノ	ク	タ	ー	ニ	チ	丶	゛
ツ	ー	ニ	テ	｜	ㅏ	ト	

❺ な행 　　　(ㄴ＋ㅏ·ㅣ·ㅜ·ㅔ·ㅗ)

나	니	누	네	노
な	に	ぬ	ね	の
na	ni	nu	ne	no
ナ	ニ	ヌ	ネ	ノ

☞ 우리말의 「나·니·누·네·노」와 같으며, 「ぬ」는 우리말의 「누」와 「느」의 중간음으로 앞으로 입술이 튀어나오지 않도록 주의해야 한다.

なに (무엇)　　　ぬの (천)

ねこ (고양이)　　つの (뿔)

ナイト (나이트)　　ネクタイ (넥타이)

ニート (니트)　　ノーアウト (노아웃)

◉ 쓰기 연습

ー	ナ	な	し	に	に	ヽ	ゾ
ぬ	し	ォ	ね	ノ	の	の	
ー	ナ	ナ		ー	ニ	ニ	フ
ヌ	、	ヲ	ネ	ノ	ノ	ノ	

❻ は행   (ㅎ＋ ㅏ·ㅣ·ㅜ·ㅔ·ㅗ)

하	히	후	헤	호
は	**ひ**	**ふ**	**へ**	**ほ**
ha	hi	hu	he	ho
ハ	ヒ	フ	ヘ	ホ

☞ 우리말의 [하·히·후·헤·호]와 거의 같은 음이지만, [ふ]는 [후]와 [흐]의 중간음으로 앞으로 입술이 튀어나오지 않도록 발음한다. 또한 [は]와 [へ]는 조사로 쓰일 때는 [와]와 [에]로 발음하며, 「ふ」는 「fu」로도 표기한다.

はし (젓가락)   ひとつ (하나)

へそ (배꼽)   ほそい (가늘다)

ハート (마음)   ホーク (호크)

ハーフ (절반)   ヘア (머리)

◎ 쓰기 연습

｜	に	は		ひ	ひ	ひ		丶	ろ
ふ		✓	へ	へ		｜	に	ほ
ノ	ハ	ハ		✓	ヒ	ヒ		一	フ
フ		✓	へ	へ		一	ナ	ホ

❼ ま행   (ㅁ+ㅏ・ㅣ・ㅜ・ㅔ・ㅗ)

마	미	무	메	모
ま	**み**	**む**	**め**	**も**
ma	mi	mu	me	mo
マ	ミ	ム	メ	モ

☞ 우리말의 「마・미・무・메・모」와 같으나, 「む」는 「무」와 「므」와 중간음으로, 입술이 앞으로 튀어나오지 않도록 발음한다.

まめ (콩)　　　　　みそ (된장)

むし (벌레)　　　　くも (구름)

マーミ (마음)　　　モーター (모터)

ムース (무스)　　　メーカー (메이커)

◎ 쓰기 연습

ー	二	ま	フ	み	み	ー	す
む	＼	✕	め	し	も	も	
フ	マ	マ	`	ミ	ミ	ノ	∠
ム	ノ	メ	メ	ー	二	モ	

❽ や행　　　　　　　(ㅇ＋ ㅑ·ㅠ·ㅛ)

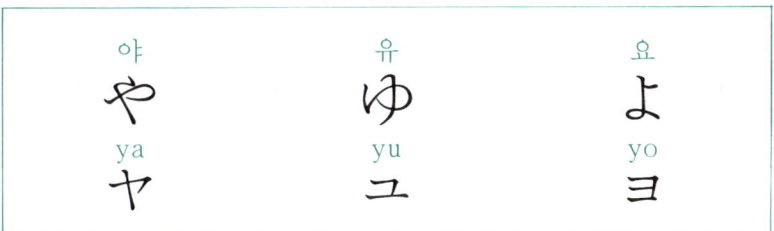

야	유	요
や	ゆ	よ
ya	yu	yo
ヤ	ユ	ヨ

* 우리말의 「야·유·요」와 같은 음으로 반모음이다.

やま （산）
ゆめ （꿈）
ヤク （야크）
ヤヌス （야누스）

よなか （한밤중）
ゆうべ （어젯밤）
ユーモア （유머）
ヨーヨー （요요）

◨ 쓰기 연습

つ	や	や				｜	い	ゆ	
		ｰ	よ	よ					
ㄱ	ヤ	ヤ				ㄱ	ユ	ユ	
		ㄱ	ヨ	ヨ					

❾ ら행　　　　（ㄹ＋ㅏ·ㅣ·ㅜ·ㅔ·ㅗ）

라	리	루	레	로
ら	り	る	れ	ろ
ra	ri	ru	re	ro
ラ	リ	ル	レ	ロ

☞ 우리말의 「라·리·루·레·로」와 같은 발음이며, 「る」는 「루」
와 「르」의 중간음으로 입술이 앞으로 튀어나오지 않도록 발음한다.

さくら （벚꽃）　　　あり （개미）

うまれる （태어나다）　　しろ （성）

ラスト （라스트）　　レール （레일）

リール （릴）　　　ロータリー （로터리）

◈ 쓰기 연습

ヽ	⌐	ら		⌐	り	り		⌐	ろ
る		⌐	れ		⌐	ろ	ろ
⌐	ラ	ラ		⌐	リ	リ		ノ	ル
ル		⌐	レ	レ		⌐	ロ	ロ

❿ わ행   (ㅇ＋ㅘ · ㅗ)

와
わ
wa
ワ

오
を
ㅇ
ヲ

☞ 「わ」는 우리말의 「와」와 같으며 반모음이다. 「を」는 あ행의 「お」와 같은 음으로 조사 「～을, 를」의 뜻으로밖에 쓰이지 않는다.

가 와
かわ (강)

와 이 로
わいろ (뇌물)

가 와 오 와 따루
かわを わたる (강을 건너다)

와 이 후
ワイフ (아내)

와   끄
ワーク (일)

와 이 야
ワイヤ (와이어)

우 에 스 또
ウエスト (허리)

◉ 쓰기 연습

丨	才	わ					
一	ナ	を					
丨	ワ	ワ					
一	ニ	ヲ					

② 탁음(濁音 : だくおん)・반탁음(半濁音 : はんだくおん)

탁음이란「か・さ・た・は」행의 글자 오른쪽 윗부분에 탁점(濁点)「゛」를 붙인「が・ざ・だ・ば」행의 음을 말한다. 탁음은 성대를 울려 나는 유성음(有声音)이다.

반탁음이란「は」행의 오른쪽 위에「゜」를 찍은 음을 말한다.

(1) 히라가나(ひらがな)

	が行	ざ行	だ行	ば行	ぱ行
(아단) あ段	が ga	ざ za	だ da	ば ba	ぱ pa
(이단) い段	ぎ gi	じ zi	ぢ zi	び bi	ぴ pi
(우단) う段	ぐ gu	ず zu	づ zu	ぶ bu	ぷ pu
(에단) え段	げ ge	ぜ ze	で de	べ be	ぺ pe
(오단) お段	ご go	ぞ zo	ど do	ぼ bo	ぽ po

(2) 가따까나(カタカナ)

	ガ行	ザ行	ダ行	バ行	パ行
(아단) ア段	ガ ga	ザ za	ダ da	バ ba	パ pa
(이단) イ段	ギ gi	ジ zi	ヂ zi	ビ bi	ピ pi
(우단) ウ段	グ gu	ズ zu	ヅ zu	ブ bu	プ pu
(에단) エ段	ゲ ge	ゼ ze	デ de	ベ be	ペ pe
(오단) オ段	ゴ go	ゾ zo	ド do	ボ bo	ポ po

❶ が행

가 が ga ガ	기 ぎ gi ギ	구 ぐ gu グ	게 げ ge ゲ	고 ご go ゴ

☞ 「が」행의 발음은 영어의 「g」음과 같으며, 「が」행의 글자가 다른 글자 뒤에 붙을 때에는 콧소리(鼻音)로 나는 경우가 많다. 우리말로 표기하기 힘든 음의 하나로서 「가·기·구·게·고」로 표기할 수 밖에 없다.

かがみ (거울) 카 기 かぎ (열쇠)

かげ (그림자) 고 고 ごご (오후)

ガール (소녀) 기 아 ギア (기어)

カーゴ (카고) 게 무 ゲーム (게임)

◎ 쓰기 연습

か	が		き	ぎ			く	ぐ
	け	げ		こ	ご			
カ	ガ		キ	ギ			ク	グ
	ケ	ゲ		コ	ゴ			

❷ ざ행

자 ざ za	지 じ zi	즈 ず zu	제 ぜ ze	조 ぞ zo
ザ	ジ	ズ	ゼ	ゾ

☞ 우리말의 「자·지·스·제·조」와 비슷하나 정확한 음은 아니며, 영어의 「z」음처럼 발음하면 된다.

자루
ざる (소쿠리)

가조꾸
かぞく (가족)

자이루
ザイル (자일)

지그
ジグ (지그)

지끼
じき (시기)

제히
ぜひ (꼭)

제미
ゼミ (세미나)

즈봉
ズボン (바지)

◙ 쓰기 연습

さ	ざ			し	じ			す	ず
		せ	ぜ			そ	ぞ		
サ	ザ			シ	ジ			ス	ズ
		セ	ゼ			ソ	ゾ		

❸ だ행

다	지	ズ	데	도
だ <small>da</small>	ぢ <small>zi</small>	づ <small>zu</small>	で <small>de</small>	ど <small>do</small>
ダ	ヂ	ヅ	デ	ド

☞ 「だ・で・ど」는 우리말의 「다・데・도」에 가까운 음이며, 「ぢ」
와 「づ」는 위의 「じ[zi]」, 「ず[zu]」의 발음이 같아 현대 철자법
에서는 「じ」, 「ず」로 쓰인다. 단, 연탁(連濁)현상이 일어날 때는
「ぢ」, 「づ」도 쓰인다.

だれ (누구)

どだい (토대)

つづき (계속)

ちぢむ (줄다)

ダイアリー (일기)

ドラマ (드라마)

デート (데이트)

ダンス (댄스)

◘ 쓰기 연습

た	だ		ち	ぢ		つ	づ
		て	で		と	ど	
タ	ダ		チ	ヂ		ツ	ヅ
		テ	デ		ト	ド	

❹ ば행

바	비	부	베	보
ば ba	び bi	ぶ bu	べ be	ぼ bo
バ	ビ	ブ	ベ	ボ

☞ 우리말의 「바·비·부·베·보」와 비슷하나 정확한 발음은 아니며, 영어의 「b」음에 해당한다.

바 까
ばか （바보）

히 비 끼
ひびき （울림）

나 베
なべ （남비）

보 꾸
ぼく （나）

바 스
バス （버스）

베 스
ベース （베이스）

하 부
ハーブ （허브）

보 이 스
ボイス （목소리）

◪ 쓰기 연습

は	ば			ひ	び			ふ	ぶ
	へ	べ			ほ	ぼ			

ハ	バ			ヒ	ビ			フ	ブ
	ヘ	ベ			ホ	ボ			

❺ ぱ행

파 **ぱ** pa **パ**	피 **ぴ** pi **ピ**	푸 **ぷ** pu **プ**	페 **ぺ** pe **ペ**	포 **ぽ** po **ポ**

☞ 「ぱ」행이 단어의 첫머리에 오면 영어의 「p」음에 가까우나, 단어의 중간이나 끝에 붙을 때는 우리말의 「빠·삐·뿌·뻬·뽀」와 비슷하게 발음된다. 단 의성어나 의태어 등에 쓰일 때는 단어의 첫머리나 중간 또는 끝에 와도 「빠」음으로 소리가 난다.

^빠っ^또と （확）

ぱっと （확）

ぴかぴか （번쩍번쩍）

ぺたぺた （다닥다닥）

ぽかぽか （훈훈함）

ポーター （포터）

プロ （프로）

ペーパー （종이）

ピアノ （피아노）

◎ 쓰기 연습

は	ぱ		ひ	ぴ		ふ	ぷ
	へ	ぺ	ほ	ぽ			
ハ	パ		ヒ	ピ		フ	プ
	ヘ	ペ	ホ	ポ			

③ 요음(拗音：ようおん)

요음이란 「い」단 음인 「き・し・ち・に・ひ・み・り・ぎ・じ・び・ぴ」의 뒤에 반모음인「や・ゆ・よ」를 작게 표기하여 한 음절로 발음하는 복합음을 말한다. 즉, 작은 글자로 표기한 반모음 「ゃ・ゅ・ょ」는 우리말의 「ㅑ・ㅠ・ㅛ」와 같은 역할을 한다. 또한 요음은 순수 일본의 고유어보다는 한자어 어휘나 외래어에 주로 쓰인다.

(1) 청음

きゃ kya	しゃ sha	ちゃ cha	にゃ nya	ひゃ hya	みゃ mya	りゃ rya
きゅ kyu	しゅ shu	ちゅ chu	にゅ nyu	ひゅ hyu	みゅ myu	りゅ ryu
きょ kyo	しょ sho	ちょ cho	にょ nyo	ひょ hyo	みょ myo	りょ ryo

(2) 탁음(濁音)・반탁음(半濁音)

ぎゃ gya	じゃ ja	ぢゃ ja	びゃ bya	ぴゃ pya
ぎゅ gyu	じゅ ju	ぢゅ ju	びゅ byu	ぴゅ pyu
ぎょ gyo	じょ jo	ぢょ jo	びょ byo	ぴょ pyo

❶ きゃ・きゅ・きょ   (ㅋ＋ㅑ・ㅠ・ㅛ)

☞ 첫음절에서는 우리말의 「갸·규·교」와 「캬·큐·쿄」의 중간음
으로 소리가 나지만, 2음절부터는 경음인 「꺄 뀨 꾜」와 비슷한
음으로 들린다.

^갸きゃ^꾸く （손님）

^교きょ^ーう^이い^꾸く （교육）

^캬キャ^스ス^토ト （캐스트）

^큐キュ^ーー^바バ （쿠바）

^규きゅ^ーう^규きゅ^ーう （구급）

^규きゅ^ーう^쿄きょ^꾸く （궁극）

^큐キュ^ーー^토ト （귀여운）

^쿄キョ^포ボ （교포）

◎ 쓰기 연습

きゃ		きゅ		きょ	

キャ		キュ		キョ	

❷ しゃ・しゅ・しょ   (ㅅ＋ ㅑ・ㅠ・ㅛ)

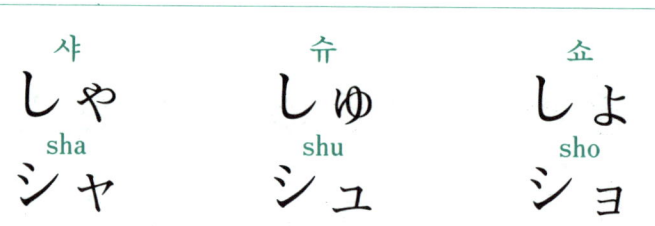

샤
しゃ
sha
シャ

슈
しゅ
shu
シュ

쇼
しょ
sho
ショ

☞ 우리말의 「샤・슈・쇼」와 발음이 같으며, 로마자 표기는 「sya
・syu・syo」와 「sha・shu・sho」 두가지가 있다.

しゃこ （차고）   しょさい （서재）

しょるい （서류）   しゅるい （종류）

シャーシー （샤시）   シュース （슈즈）

ショー （쇼）   ショーツ （쇼트）

◎ 쓰기 연습

しゃ		しゅ		しょ	
シャ		シュ		ショ	

❸ ちゃ・ちゅ・ちょ　　　（ㅊ＋ㅑ・ㅠ・ㅛ）

챠	츄	쵸
ちゃ cha	ちゅ chu	ちょ cho
チャ	チュ	チョ

☞ 정확한 음을 우리말로 표기하기 어렵다. 경우에 따라「쨔・쮸・쬬」로도 소리가 난다. 이 책에서는 편의상「챠・츄・쵸」로 표기하였다.

ちゅうしゃ （주사）　　おちゃ （차）

ちゅうい （주의）　　ちょうさ （조사）

チャート （챠트）　　チューナ （튜너）

チョコレート （초코렛）　　チョーク （분필）

◘ 쓰기 연습

ちゃ		ちゅ		ちょ	

チャ		チュ		チョ	

❹ にゃ・にゅ・にょ　　　　(ㄴ＋ㅑ・ㅠ・ㅛ)

냐	뉴	뇨
にゃ	にゅ	にょ
nya	nyu	nyo
ニャ	ニュ	ニョ

☞ 우리말의 「냐・뉴・뇨」와 같으며, 우리말처럼 어두에 쓰일 때는 「야・유・요」로 발음하지 않는다.

にょうぼう (마누라)　　　　にゅうがく (입학)

ゆにゅう (수입)　　　　　　にゃあにゃあ (야옹야옹)

ニュース (뉴스)　　　　　　ニューヨーク (뉴욕)

ニュークリア (뉴클리어)

◉ 쓰기 연습

にゃ		にゅ		にょ	

ニャ		ニュ		ニョ	

❺ ひゃ・ひゅ・ひょ　　　　（ㅎ十ㅑ・ㅠ・ㅛ）

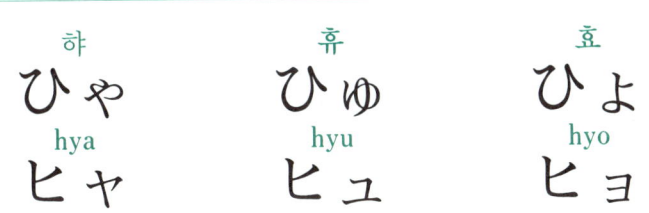

☞ 우리말의 「햐・휴・효」와 같으며, 「하・후・오」로 발음하지 않도록 해야 한다.

ひゃく （백, 百）　　　　ひょう （표, 表）

ひょうか （평가）　　　　ひゃくしょう （농민）

ヒューズ （퓨즈）　　　　ヒューマン （휴먼）

ヒューマニスト （휴머니스트）

◎ 쓰기 연습

ひゃ		ひゅ		ひょ	

ヒャ		ヒュ		ヒョ	

❻ みゃ・みゅ・みょ (ㅁ+ㅑ・ㅠ・ㅛ)

마
みゃ
mya
ミヤ

뮤
みゅ
myu
ミュ

묘
みょ
myo
ミョ

☞ 우리말의 「먀・뮤・묘」와 같으며, 「마・무・모」로 발음하지 않도록 주의해야 한다.

みゃく (맥, 脈)   **みょうじ** (성, 姓)

みょうしゅ (묘수)

ミュージカル (뮤지컬)   **ミュート** (벙어리)

ミュージアム (박물관)

◎ 쓰기 연습

みゃ		みゅ		みょ	

ミヤ		ミュ		ミョ	

❼ りゃ・りゅ・りょ   (ㄹ＋ ㅑ・ㅠ・ㅛ)

랴 りゃ rya リヤ	류 りゅ ryu リュ	료 りょ ryo リョ

☞ 우리말의 「랴・류・료」와 같으며, 우리말처럼 어두에 왔을 때 「야・유・요」로 발음하지 않는다.

しょうりゃく （생략）   しょうりょう （소량）

りょこう （여행）   りゅうがく （유학）

リューマチ （류머티즘）   リュート （류트）

リュックサック （륙색）

◎ 쓰기 연습

りゃ		りゅ		りょ	
リヤ		リュ		リョ	

❽ ぎゃ・ぎゅ・ぎょ   (ㄱ+ㅑ・ㅠ・ㅛ)

갸	규	교
ぎゃ	ぎゅ	ぎょ
gya	*gyu*	*gyo*
ギャ	ギュ	ギョ

☞ 우리말로는 정확히 발음할 수 없으나 영어의 「g」음과 같이 발음하면 된다. 다만 글자 뒤에 접속할 때는 콧소리로 발음하기도 한다.

이 책에서는 편의상 「갸・규・교」로 표기하였다.

にゅうぎゅう (젖소)   ぎゅうにゅう (우유)

ぎゃくに (거꾸로)   ぎょるい (어류)

ギャラリー (갤러리)   ギャグ (개그)

ギョウザ (중국식 만두)

◎ 쓰기 연습

ぎゃ		ぎゅ		ぎょ	
ギャ		ギュ		ギョ	

❾ じゃ・じゅ・じょ   (ス + ㅑ・ㅠ・ㅛ)

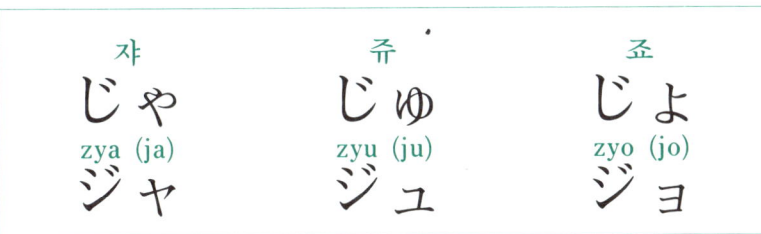

쟈	쥬	죠
じゃ	じゅ	じょ
zya (ja)	zyu (ju)	zyo (jo)
ジャ	ジュ	ジョ

☞ 우리말로 정확히 표기하기 어려우나, 영어의 「z」음과 같이 발음한다. 이 책에서는 편의상 「쟈・쥬・죠」로 하였다. 참고로 「ぢゃ・ぢゅ・ぢょ」와 발음이 같다. 그러나 이것은 현대어 철자법에는 쓰이지 않지만, 연탁현상이 일어날 때는 쓰이기도 한다.

おじゃま (방해)

じょうりゅう (상류)

ジャパン (일본)

ジュニア (쥬니어)

じゅみょう (수명)

じょめい (제명)

ジャズ (재즈)

ジョプ (조브)

◪ 쓰기 연습

じゃ		じゅ		じょ	
ジャ		ジュ		ジョ	

❿ びゃ・びゅ・びょ　　　　（ㅂ＋ ㅑ・ㅠ・ㅛ）

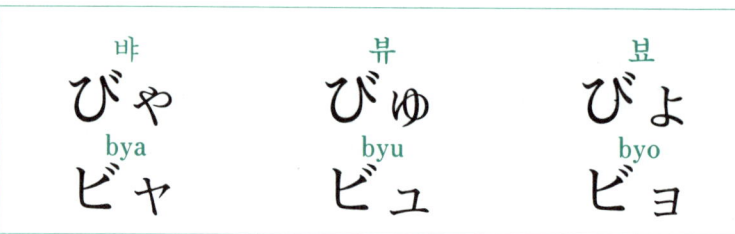

뱌	뷰	뵤
びゃ	びゅ	びょ
bya	byu	byo
ビャ	ビュ	ビョ

☞ 우리말의 「뱌・뷰・뵤」와 같으며,　「바・부・보」로 발음하지 않도록 주의한다.

さんびゃく（300）　　　　びょうき（병, 病）

ごびゅう（오류）　　　　びょうしゃ（묘사）

ビューティー（아름다움）　　ビューロー（뷰로）

ビューフォン（뷰폰, 텔레비전 전화）

◉ 쓰기 연습

びゃ		びゅ		びょ	

ビャ		ビュ		ビョ	

⑪ ぴゃ・ぴゅ・ぴょ　　　（ㅃ＋ㅑ・ㅠ・ㅛ）

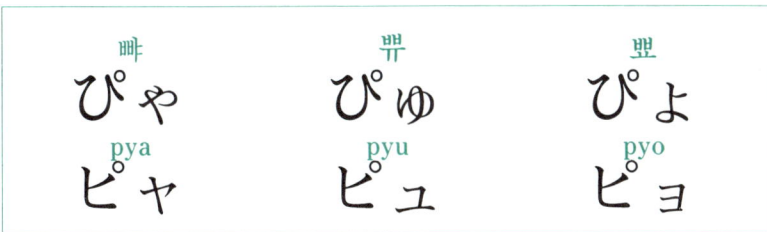

☞ 정확한 발음은 우리말로 표기하기 어려우나 이 책에서는 「빠・뷰・뾰」로 표기하였다.
이 발음은 주로 외래어나 물체의 소리를 표기하는데 쓰인다.

ろっぴゃく（600）　　　　はっぴょう（발표）

ぴょんぴょん（깡총깡총）

ピューマ（퓨마）　　　　　ピュア（순수함）

ピュリッツーしょう（풀리처 상）

◫ **쓰기 연습**

ぴゃ		ぴゅ		ぴょ	

ピャ		ピュ		ピョ	

④ 발음(撥音：はつおん)

발음「ん」은 비음(鼻音)으로 다른 글자 밑에서 받침으로 쓰이나 우리말의 받침과는 달리 하나의 음절의 길이를 갖는 것이 특색이다. 「ん」은 다음에 오는 글자의 영향에 따라「n（ㄴ)」, 「m（ㅁ)」, 「ng（ㅇ)」, 「N（콧소리 모음)」으로 발음한다.

❶ 「n（ㄴ)」으로 발음이 되는 경우

① 「ん＋さ행(さ・し・す・せ・そ)」의 글자 앞에 올 때는「n（ㄴ)」으로 발음한다.

신 세 쯔
しんせつ (친절)

신 시
しんし (신사)

센 소 ―
せんそう (전쟁)

센 스
センス (센스)

② 「ん＋ざ행(ざ・じ・ず・ぜ・ぞ)」의 글자 앞에 올 때는「n（ㄴ)」으로 발음한다.

센 조
せんぞ (선조)

산 조 꾸
さんぞく (산적)

긴 지 루
きんじる (금하다)

엔 지 니 아
エンジニア (엔지니어)

③ 「ん＋た행(た・ち・つ・て・と)」의 글자 앞에 올 때는「n（ㄴ)」으로 발음한다.

<ruby>せ<rt>센</rt></ruby><ruby>ん<rt></rt></ruby><ruby>た<rt>따</rt></ruby><ruby>く<rt>꾸</rt></ruby> (세탁)　　　　<ruby>せ<rt>센</rt></ruby><ruby>ん<rt></rt></ruby><ruby>と<rt>또</rt></ruby><ruby>う<rt>-</rt></ruby> (선두)

<ruby>ぜ<rt>젠</rt></ruby><ruby>ん<rt></rt></ruby><ruby>て<rt>메</rt></ruby><ruby>い<rt>-</rt></ruby> (전제)　　　　<ruby>エ<rt>엔</rt></ruby><ruby>ン<rt></rt></ruby><ruby>タ<rt>타</rt></ruby><ruby>ー<rt></rt></ruby><ruby>テ<rt>테</rt></ruby><ruby>イ<rt>이</rt></ruby><ruby>ナ<rt>나</rt></ruby><ruby>ー<rt></rt></ruby> (연예인)

④ 「ん＋だ행(だ・ぢ・づ・で・ど)」의 글자 앞에 올 때는「ｎ
(ㄴ)」으로 발음한다.

<ruby>さ<rt>산</rt></ruby><ruby>ん<rt></rt></ruby><ruby>だ<rt>당</rt></ruby><ruby>ん<rt></rt></ruby> (3단)　　　　<ruby>せ<rt>센</rt></ruby><ruby>ん<rt></rt></ruby><ruby>で<rt>뎅</rt></ruby><ruby>ん<rt></rt></ruby> (선전)

<ruby>お<rt>온</rt></ruby><ruby>ん<rt></rt></ruby><ruby>ど<rt>도</rt></ruby> (온도)　　　　<ruby>ア<rt>안</rt></ruby><ruby>ン<rt></rt></ruby><ruby>ド<rt>도</rt></ruby><ruby>ロ<rt>로</rt></ruby><ruby>メ<rt>메</rt></ruby><ruby>ー<rt>-</rt></ruby><ruby>ダ<rt>다</rt></ruby> (안드로메다)

⑤ 「ん＋な행(な・に・ぬ・ね・の)」의 글자 앞에 올 때는「ｎ
(ㄴ)」으로 발음한다.

<ruby>か<rt>칸</rt></ruby><ruby>ん<rt></rt></ruby><ruby>な<rt>나</rt></ruby> (대패)　　　　<ruby>き<rt>긴</rt></ruby><ruby>ん<rt></rt></ruby><ruby>に<rt>니</rt></ruby><ruby>く<rt>꾸</rt></ruby> (근육)

<ruby>ほ<rt>혼</rt></ruby><ruby>ん<rt></rt></ruby><ruby>ね<rt>네</rt></ruby> (본심)　　　　<ruby>ぜ<rt>젠</rt></ruby><ruby>ん<rt></rt></ruby><ruby>の<rt>노</rt></ruby><ruby>う<rt>-</rt></ruby> (전능)

⑥ 「ん＋ら행(ら・り・る・れ・ろ)」의 글자 앞에 올 때는「ｎ
(ㄴ)」으로 발음한다.

<ruby>せ<rt>센</rt></ruby><ruby>ん<rt></rt></ruby><ruby>り<rt>리</rt></ruby><ruby>つ<rt>쯔</rt></ruby> (전율)　　　　<ruby>が<rt>간</rt></ruby><ruby>ん<rt></rt></ruby><ruby>ら<rt>라</rt></ruby><ruby>い<rt>이</rt></ruby> (원래)

<ruby>か<rt>칸</rt></ruby><ruby>ん<rt></rt></ruby><ruby>れ<rt>레</rt></ruby><ruby>い<rt>-</rt></ruby> (한냉)　　　　<ruby>て<rt>덴</rt></ruby><ruby>ん<rt></rt></ruby><ruby>ら<rt>라</rt></ruby><ruby>く<rt>꾸</rt></ruby> (전락)

❷ 「m(ㅁ)」으로 발음이 되는 경우

① 「ん+ま행(ま・み・む・め・も)」의 글자 앞에 올 때는「m
(ㅁ)」으로 발음한다.

かんむり (관, 冠)　　　こんめい (혼미)

あんま (안마)　　　　デンマーク (덴마크)

② 「ん+ば행(ば・び・ぶ・べ・ぼ)」의 글자 앞에 올 때는「m
(ㅁ)」으로 발음한다.

てんばつ (천벌)　　　とんぼ (잠자리)

どんぶり (덮밥)　　　コンバーター (컨버터)

③ 「ん+ぱ행(ぱ・ぴ・ぷ・ぺ・ぽ)」의 글자 앞에 올 때는「m
(ㅁ)」으로 발음한다.

さんぱい (참배)　　　さんび (찬부)

さんぽ (산책)　　　　テンポ (템포)

❸ 「ng (ㅇ)」으로 발음이 되는 경우

① 「ん+か행(か・き・く・け・こ)」의 글자 앞에 올 때는 「ng (ㅇ)」으로 발음한다.

さんか (참가) そんけい (존경)
にんき (인기) コンクリート (콘크리트)

② 「ん+が행(が・ぎ・ぐ・げ・ご)」의 글자 앞에 올 때는 「ng (ㅇ)」으로 발음한다.

にんぎょう (인형) でんげん (전원)
せんご (전후, 戰後) コンゴ (콩고)

❹ 「N (ㄴ)」콧소리 모음으로 발음이 되는 경우

☞ 단어가 「ん」으로 끝나는 경우나, 「あ행」 「わ행」 「は행」의 앞에 올 때는 콧소리(鼻音)모음으로 발음이 된다. 정확히 우리말로 표기하기는 힘들지만 편의상 이 책에서는 「ㅇ」으로 표기하였다.
① 단어가 「ん」으로 끝맺을 경우

ぜんはん (전반) にほん (일본)
ぎもん (의문) レモン (레몬)

② 「ん＋あ행(あ・い・う・え・お)」의 경우

　　まんいん (만원)　　　　　ぜんいん (전원)
　　ぜんえい (전위)　　　　　けんえつ (검열)

③ 「ん＋は행(は・ひ・ふ・へ・ほ)」의 경우

　　まんねんひつ (만년필)　　　よんはい (네 그릇)

☞ 「ん」다음에 は행이 접속되면 대부분 연탁(連濁)현상으로 「ば행」
　또는 「ぱ행」으로 바뀐다.

④ 「ん＋や행(や・ゆ・よ)」와 「ん＋わ」의 경우

　　ほんや (책방)　　　　　しんゆう (친우)
　　みんよう (민요)　　　　でんわ (전화)

5 촉음

「つ」를 「っ」처럼 작은 글자로 표기하여 다른 글자 밑에서 받침으로만 쓰인다. 이 촉음은 막힌소리로 하나의 음절을 갖고 있으며, 뒤에 오는 글자의 영향을 받아 「k (ㄱ)」, 「s (ㅅ)」, 「t (ㄷ)」, 「p (ㅂ)」의 받침으로 자연스럽게 발음이 된다.

❶ 「k (ㄱ)」 받침이 되는 경우

□ 「っ＋か행(か・き・く・け・こ)」의 글자가 오는 경우에는 「k (ㄱ)」 받침이 된다.

いっかい (1층)　　　　　　みっか (3일)

こっき (국기)　　　　　　ひっこし (이사)

❷ 「s (ㅅ)」 받침이 되는 경우

□ 「っ＋さ행(さ・し・す・せ・そ)」의 글자가 오는 경우에는 「s (ㅅ)」 받침이 된다.

まっすぐ (똑바로)　　　　ざっし (잡지)

さっそく (즉시)　　　　　デッサン (데생)

❸ 「t (ㄷ)」 받침이 되는 경우

▣ 「っ＋た행(た・ち・つ・て・と)」의 글자가 오는 경우에는
「t(ㄷ)」 받침이 된다.
이 책의 본문에서는 편의상 「ㅅ」으로 표기하였다.

^돗どっ^찌ち （어느쪽）　　　^긴きっ^떼て （우표）

^옷おっ^또と （남편）　　　^캇カッ^따ター （재단기）

❹ 「p(ㅂ)」 받침이 되는 경우

▣ 「っ＋ぱ행(ぱ・ぴ・ぷ・ぺ・ぽ)」의 글자가 오는 경우에는
「p(ㅂ)」 받침이 된다.

^돕とっ^빠ぱ （돌파）　　　^깁きっ^뿌ぷ （표）

^십しっ^뽀ぽ （꼬리）　　　^곱コッ^뿌プ （컵）

6 장음(長音：ちょうおん)

우리말은 장음인지 단음인지 구별하기가 어렵다. 그러나 일본어는 한 음절(자음＋모음)로 이루어졌기 때문에 앞 음절의 모음과 뒤 음절의 모음이 동일할 경우에 장음이 된다.

❶「あ」단 다음에「あ」모음이 오는 경우

□「あ단(あ・か・さ・た・な・は …)」다음에 모음「あ」가 오면 장음이 된다. 외래어 장음 표기는「ー」로 한다.

おかさん (오까 씨) → おかあさん (어머니)

おばさん (아저씨) → おばあさん (할머니)

から (빔, 空) → カラー (컬러)

❷「い」단 다음에「い」모음이 오는 경우

□「い단(い・き・し・ち・に・ひ・み・り …)」다음에 모음「い」가 오면 장음이 된다.

おじさん (아저씨) → おじいさん (할아버지)

いえ (집) → いいえ (아니오)

おしい (아깝다) → おいしい (맛있다)

❸ 「う」단 다음에 「う」 모음이 오는 경우

☐ 「う단(う・く・す・つ・ぬ・ふ・む・る …)」 다음에 모음
「う」가 오면 장음이 된다.

ゆき (눈, 雪) → ゆうき (용기)

くき (줄기) → くうき (공기)

すじ (줄거리) → すうじ (숫자)

❹ 「え」단 다음에 「え」 모음이 오는 경우

☐ 「え단(え・け・せ・て・ね・へ・め・れ …)」 다음에 모음
「え」또는 「い」가 오는 경우에는 장음이 된다.

え (그림) → ええ (예, 가벼운 대답)

けしき (경치) → けいしき (형식)

せそう (세태) → せいそう (청소)

❺ 「お」단 다음에 「お」 모음이 오는 경우

☐ 「お단(お・こ・そ・と・の・ほ・も・ろ …)」 다음에 모음
「お」또는 「う」가 오는 경우에는 장음이 된다.

ここ (여기) → こうこう (효도)

こる (열중하다) → こおる (얼다)

こくう (허공) → こうくう (항공)

＊ いもうと (여동생) ＊ おとうと (남동생)

⑦ 묵음(默音)

「さ행(さ・し・す・せ・そ)」앞에「く」가 오면 대개 글자 대로 발음하지 않고 한 음으로 발음한다.

たくさん → たくさん (많이)

がくせい → がくせい (학생)

おくさん → おくさん (부인)

☞ 묵음은 발음하기 편하게 되는 과정이므로 모든 것이 이 법칙에 적용되는 것은 아니며, 본래의 발음 대로 해도 무방하다.

4. 일본어 표기법

① 외래어 표기법

외래어는 가따까나(カタカナ)로 표기한다. 그러나 일본어는 음절 수가 적기 때문에 정확하게 표기하기는 힘들다. 따라서 일본어에서는 그 원음에 충실하게 표기하되 일정한 규칙을 정해놓고 있다.

① 장음(長音)은 「ー」로 표기한다.

car (자동차)	カー
error (에러)	エラー

② 「f」음은 「ファ・フィ・フェ・フォ」로 표기한다.

film (필름)	フィルム
form (형식)	フォム

③ 「ti」, 「di」는 「ティ」, 「ディ」로 표기하며, 「t」는 주로 「ト」로 표기한다.

tea (티, 차)	ティー
dealer (딜러, 업자)	ディーラー
coat (코트)	コート

④ 막힌 소리는 촉음 「ッ」로 표기한다.

       book（책）   _{붖 무} ブック

       couple（커플）   _{갑 뿌루} カップル

⑤ 요음은 작은 글자 「ャ・ュ・ョ」로 표기한다.

       culture（문화）   _{가 루 자 ―} カルチャー

       giant（자이언트） _{자 이 안 또} ジャイアント

       chalk（분필）   _{쵸 ― 꾸} チョーク

⑥ 비음(콧소리)는 「ン」으로 표기한다.

       indo（인도）   _{인 도} インド

       inch（인치）   _{인 찌} インチ

② 띄어쓰기를 하지 않는다.

일본어 표기는 우리말이나 영어와는 달리 띄어쓰기를 하지 않는 것이 원칙이다. 그러나 이 책에서처럼 처음 배운 사람들의 편의를 도모하기 위해 일부러 띄어쓰기를 한다.

③ 구두점 표기법

우리말 표기법과는 달리 마침표 「。(마루)」를 쓰며, 의문문에 「?」를 쓰지 않는 것이 원칙이다.

1단계

6일

19일

これは ほんです

(이것은 책입니다)

□□월 □□일

1 これは ほんです

■ 학습 목표 ■

|1| 〜だ

　 〜では(じゃ) ない

|2| 〜です

|3| 〜では(じゃ) ありません

고 레 와 혼 　 다
これは ほんだ。

이것은 책이다.

소 레 와 쯔 꾸 에 다
それは つくえだ。

그것은 책상이다.

아 레 와 이 스 데 와 　 나 이
あれは いすでは ない。

저것은 의자가 아니다.

고 레 와 혼 　 데 스 　 까
これは ほんですか。

이것은 책입니까?

はい、 それは ほんです。

네, 그것은 책입니다.

それは つくえですか。

그것은 책상입니까?

いいえ、 これは つくえでは ありません。

아니오, 이것은 책상이 아닙니다.

あれは なんですか。

저것은 무엇입니까?

あれは いすです。

저것은 의자입니다.

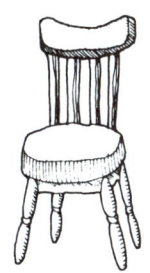

これは しんぶんですか。

이것은 신문입니까?

はい、 それは しんぶんです。

네, 그것은 신문입니다.

これも しんぶんですか。

이것도 신문입니까?

いいえ、 それは しんぶんでは ありません。

ざっしです。

아니오, 그것은 신문이 아닙니다. 잡지입니다.

あれは いえですか。

저것은 집입니까?

はい、 そうです。

네, 그렇습니다.

あれも いえですか。

저것도 집입니까?

いいえ、 そうでは ありません。 えきです。

아니오, 그렇지 않습니다. 역입니다.

☑ 어구 해석 ☑

これ … 이것	いいえ … 아니오
〜は … 〜은	〜では ありません … 〜이
ほん … 책	(가) 아닙니다
〜です … 〜입니다	なんですか … 무엇입니까
〜だ … 〜이다	しんぶん … 신문
つくえ … 책상	ざっし … 잡지
いす … 의자	うち … 집
それ … 그것	そうです … 그렇습니다
あれ … 저것	〜も … 〜도
〜では ない … 〜이(가) 아	そうでは ありません … 그렇
니다	지 않습니다
〜ですか … 〜입니까	えき … 역
はい … 네	

☑ 문형 연습

1 고 레 와　테 레 비 다
これは テレビだ。

이것은 텔레비전이다.

소 레 와　테 레 비 데 와　쟈　나 이
それは テレビでは(じゃ) ない。

그것은 텔레비전이 아니다.

2 それは ラジオです。

그것은 라디오입니다.

これは ラジオでは(じゃ) ありません。

이것은 라디오가 아닙니다.

3 これは さけですか。

이것은 술입니까?

はい、 そうです。

네, 그렇습니다.

いいえ、 そうでは(じゃ) ありません。

아니오, 그렇지 않습니다.

4 これは なんですか。

이것은 무엇입니까?

それは たばこです。

그것은 담배입니다.

✿ 어법 해설

📖 지시대명사

지시대명사란 사물의 명칭을 밝히지 않고 명사 대신 부르는 것을 말한다. 일본어도 우리와 마찬가지로「근칭·중칭·원칭·부정칭」이 있다.

근칭	중칭	원칭	부정칭
これ	それ	あれ	どれ
(이것)	(그것)	(저것)	(어느것)

☞ 지시대명사를 암기할 때는 첫 음절의「こ·そ·あ·ど」만 암기하면 뒤에 나오는 대명사 및 연체사 등을 익히는데 편리하다. 일본어 문법에서는 이것을 일명「こそあど용법」이라고 한다.

예 **これ**は とけいですか。 (「これ」는 「それ」로 대답)
이것은 시계입니까?
はい、 **それ**は とけいです。
네, 그것은 시계입니다

それは なんですか。 (「それ」는 「これ」로 대답)
그것은 무엇입니까?
これは ノートです。
이것은 노트입니다.

あれは くるまですか。 (「あれ」는 「あれ」로 대답)
저것은 차입니까?

あれは くるまでは ありません。
저것은 차가 아닙니다.

☐ 〜は

조사 「は」는 우리말의 「은(는)」에 해당하는 말로 말하는 사람이
특히 어느 것을 꼬집어 내어 다른 것과 구별할 때 쓴다. 주의할 점
은 「は」는 본래 발음이 「하」이나 조사로 쓰일 경우에는 「와」로 발
음한다. 표기할 때 「わ(wa)」로 표기해서는 안된다.

예 これ**は**(하) ほんです。(×)

これ**は**(와) ほんです。(○)

☐ 〜だ

「〜だ」는 체언 및 그에 준하는 말에 접속되어 단정을 나타낸다.
보통 문장체에서는 같은 뜻인 「〜である」가 많이 쓰이며, 우리말
의 「〜이다」에 해당한다.

예 これは ビール**だ**。 (회화체)

これは ビール**である**。 (문장체)

이것은 맥주이다.

☐ 〜です

「〜です」는 「だ」와 마찬가지로 체언 및 그에 준하는 말에 접속하
여 말하는 사람의 공손한 단정을 나타내며, 우리말의 「〜입니다」
에 해당한다. 「〜です」의 본래 형태는 「〜であります」이지만 주
로 줄여서 「〜です」를 쓰며, 격식차린 말에서는 「〜であります」
를 쓰기도 한다.

예 これは ほん**だ**。

이것은 책이다.

これは ほん**です**。 (＝ であります)
이것은 책입니다.

❏ ～では(じゃ) ない
　～では(じゃ) ありません

「～だ」의 부정형은 본래「～で ない ～이(가) 아니다」이지만 주
로 강조를 하기 위해 조사「は(와)」가 접속되어「～では ない」형
태로 쓴다.
「～です」의 부정형도 본래「～であります」의 부정형인「～であ
りません ～이(가) 아닙니다」이지만, 조사「は(와)」를 접속하여
「～では ありません」으로 쓰인다.
그러나 보통 일상 회화에서는「～では」를「じゃ」로 줄여서「～
じゃ ない」「じゃ ありません」이라고도 한다.

예 これは しんぶん**では ない**。
　 これは しんぶん**じゃ ない**。
　 이것은 신문이 아니다.

　 これは まんねんひつ**では ありません**。
　 これは まんねんひつ**じゃ ありません**。
　 이것은 만년필이 아닙니다.

❏ ～か

「～か」는 의문조사로 글의 맨 끝에 붙어 의문 또는 질문의 뜻을 나
타낸다. 우리말 표기법과는 달리 의문부호「？」를 붙이지 않고 마
침표「。」를 쓴다. 또한 일상 회화에서는 의문조사「か」를 생략하
고 끝을 올려 발음하기도 한다.

예 これは じしょです**か**。
　 이것은 사전입니까？

それは なんです**か**。
그것은 무엇입니까?
これは ボールペンでは(じゃ) ありません**か**。
이것은 볼펜이 아닙니까?

❏ 何(なに・なん)
「何(なに・なん)」은 우리말의「무엇」에 해당하는 말로 이름을 알
수 없거나 무엇인지 알 수 없는 사물을 가리킬 때 쓰인다. 본래「な
に」이지만 뒤에 오는 음에 따라 「なん」으로도 쓰인다.
주로 뒤에 「が・を・も」등이 오면 「なに」로 발음하며, 「で・
だ・と」 등이 오면 「なん」으로 발음한다.
예 これは **なん**ですか。 이것은 무엇입니까?

❏ はい、 そうです
   いいえ、 そうでは ありません
「はい」와「いいえ」는 긍정과 부정을 나타내는 감동사로 우리말의
「예」와「아니오」에 해당한다. 거리낌 없는 사이에는「はい」를
「ええ」, 「いいえ」를 「いや」라고 말하기도 한다.
「そう」는「그렇게」라는 뜻의 부사인데「です」또는「では ありま
せん」이 접속하여 긍정과 부정을 명확히 표현한다.
예 これは ワープロですか。 이것은 워드프로세서입니까?
   はい、 そうです。 네, 그렇습니다.
   いいえ、 そうでは(じゃ) ありません。 아니오, 그렇지 않습
니다.

❏ ～も
「～も」는 같은 종류 중에서 하나를, 또는 같은 것을 몇 가지 늘어

놓고 표시하는데 쓰이는 조사로 우리말의 「～도」에 해당한다.

예 これ**も** あれ**も** はなです。

　이것도 저것도 꽃입니다.

◎ 연습 문제

1 다음 빈칸에 적당한 말을 넣으시오.

① これ□ ほんです。

② それは なんです□。

③ これは パンですか。 （パン／빵）

　いいえ、 そう□□□□□□。

④ これは かみですか。 （かみ／종이）

　はい、 そう□□。

2 다음 일본어를 우리말로 바꾸시오.

① あれは なんですか。

② はい、 そうです。 コンピューターです。 （컴퓨터）

③ いいえ、 そうじゃ ありません。 とけいです。

④ あれも ざっしですか。

3 다음 우리말을 일본어로 바꾸시오.

① 이것은 안경이다. （めがね）

② 이것은 무엇입니까?

③ 저것은 안경이 아닙니다.

④ 저것도 시계입니까? （とけい）

◆ 연습 해답 ◆

1 ① は ② か ③ では ありません ④ です

2 ① 저것은 무엇입니까?
   ② 네, 그렇습니다. 컴퓨터입니다.
   ③ 아니오, 그렇지 않습니다. 시계입니다.
   ④ 저것도 잡지입니까?

3 ① これは めがねだ。
   ② これは なんですか。
   ③ あれは めがねでは(じゃ) ありません。
   ④ あれも とけいですか。

わたしは のむらです
(나는 노무라입니다)

☐☐월 ☐☐일

2 わたしは のむらです

■ 학습 목표 ■

---

1 인칭대명사

(わたし・あなた・どなた)

2 명사＋の＋명사

_{아 나 따 와　니 혼　진　데 스　까}
あなたは にほんじんですか。

당신은 일본인입니까?

_{이 ー 에　소 ー 데 와　아 리 마 셍　강　꼬꾸진　데 스}
いいえ、そうでは ありません。 かんこくじんです。

아니오, 그렇지 않습니다. 한국인입니다.

_{아 나 따 와　도 나 따 데 스　까}
あなたは どなたですか。

당신은 누구십니까?

_{와 따 시 와　노 무 라 데 스}
わたしは のむらです。

저는 노무라입니다.

_{고 노　각 꼬ー노　셴　세ー데 스　까}
この がっこうの せんせいですか。

이 학교의 선생님입니까?

いいえ、 そうでは ありません。 がくせいです。

아니오, 그렇지 않습니다. 학생입니다.

きむらさんは どなたですか。

기무라 씨는 어느 분입니까?

きむらさんは あの おとこの かたです。

기무라 씨는 저 남자분입니다.

あなたの せんせいですか。

당신의 선생님입니까?

はい、 わたしの せんせいです。

네, 저의 선생님입니다.

なんの せんせいですか。

무슨 선생님입니까?

にほんごの せんせいです。

일본어 선생님입니다.

あの かたは どなたですか。

저 분은 누구십니까?

ジョンさんです。

존 씨입니다.

ジョンさんも せんせいですか。

존 씨도 선생님입니까?

はい、 そうです。 えいごの せんせいです。

네, 그렇습니다. 영어 선생님입니다.

ジョンさんは アメリカじんですか、 イギリスじん

ですか。

존 씨는 미국인입니까, 영국인입니까?

イギリスじんです。

영국인입니다.

🔷 어구 해석 🔷

わたし … 나, 저	あの … 저
あなた … 너, 당신	おとこ … 남자
にほんじん … 일본인	〜かた … 〜분
かんこくじん … 한국인	なんの … 무슨
どなた … 어느 분	にほんご … 일본어
この … 이	あの かた … 저 분
がっこう … 학교	えいご … 영어
〜の … 〜의	アメリカじん … 미국인
せんせい … 선생님	イギリスじん … 영국인
がくせい … 학생	

🔷 문형 연습

1 あなたは にほんじんですか。
아나따와 니혼 진 데스 까

당신은 일본인입니까?

いいえ、そうじゃ ありません。ちゅうごくじんです。
이 ― 에 소 ― 쟈 아 리 마 셍 쥬 ― 고꾸진 데스

아니오, 그렇지 않습니다. 중국인입니다.

2 あなたは にほんごの せんせいですか。
아 나 따 와 니홍 고노 센 세 ― 데 스 까

당신은 일본어 선생님입니까?

<ruby>は<rt>하</rt></ruby><ruby>い<rt>이</rt></ruby>、 <ruby>そ<rt>소</rt></ruby><ruby>う<rt>ー</rt></ruby><ruby>で<rt>데</rt></ruby><ruby>す<rt>스</rt></ruby>。

네, 그렇습니다.

3 <ruby>あ<rt>아</rt></ruby><ruby>の<rt>노</rt></ruby> <ruby>か<rt>가</rt></ruby><ruby>た<rt>따</rt></ruby><ruby>は<rt>와</rt></ruby> <ruby>ど<rt>도</rt></ruby><ruby>な<rt>나</rt></ruby><ruby>た<rt>따</rt></ruby><ruby>で<rt>데</rt></ruby><ruby>す<rt>스</rt></ruby><ruby>か<rt>까</rt></ruby>。

저 분은 누구입니까?

<ruby>あ<rt>아</rt></ruby><ruby>の<rt>노</rt></ruby> <ruby>か<rt>가</rt></ruby><ruby>た<rt>따</rt></ruby><ruby>は<rt>와</rt></ruby> <ruby>金<rt>김상</rt></ruby>さんです。

저 분은 김씨입니다.

4 <ruby>金<rt>김상</rt></ruby>さんは <ruby>が<rt>각</rt></ruby><ruby>く<rt>쿠</rt></ruby><ruby>せ<rt>세</rt></ruby><ruby>い<rt>ー</rt></ruby><ruby>で<rt>데</rt></ruby><ruby>す<rt>스</rt></ruby><ruby>か<rt>까</rt></ruby>、 <ruby>か<rt>가</rt></ruby><ruby>い<rt>이</rt></ruby><ruby>しゃ<rt>샤</rt></ruby><ruby>い<rt>인</rt></ruby><ruby>ん<rt></rt></ruby><ruby>で<rt>데</rt></ruby><ruby>す<rt>스</rt></ruby><ruby>か<rt>까</rt></ruby>。

김씨는 학생입니까, 회사원입니까?

<ruby>あ<rt>아</rt></ruby><ruby>な<rt>나</rt></ruby><ruby>た<rt>따</rt></ruby><ruby>は<rt>와</rt></ruby> <ruby>か<rt>가</rt></ruby><ruby>しゅ<rt>슈</rt></ruby><ruby>で<rt>데</rt></ruby><ruby>す<rt>스</rt></ruby><ruby>か<rt>까</rt></ruby>、 <ruby>は<rt>하</rt></ruby><ruby>い<rt>이</rt></ruby><ruby>ゆ<rt>유</rt></ruby><ruby>う<rt>ー</rt></ruby><ruby>で<rt>데</rt></ruby><ruby>す<rt>스</rt></ruby><ruby>か<rt>까</rt></ruby>。

당신은 가수입니까, 배우입니까?

◙ 어법 해설

❏ 인칭대명사

① 1인칭대명사

わたくし (저)	わたし (저・나)	ぼく (나)	おれ (나)

☞ 「わたくし(私)」는 우리말의 「저」에 해당하는 말로 윗사람에게 쓰는 격식차린 말이다.

「わたし(私)」는 남녀 공히 쓰이는 말로 일상적으로 가장 많이 쓰인다. 경우에 따라 우리말의 「저・나」에 해당한다.

「ぼく・おれ」는 여자들은 쓰지 않으며, 「ぼく」는 주로 젊은 남자들 사이에 쓰인다.

② 2인칭대명사

あなた (당신)	おまえ (너)	きみ (자네・너)

☞ 「あなた」는 영어의 「you」의 번역된 말씨로 남여 모두 쓸 수 있으며 손아랫사람이나 친한 사이에서만 쓴다. 흔히 「あんた」로 줄여서 말하기도 한다.

「おまえ・きみ」는 「자네・너」라는 뜻으로 주로 남자들 사이에 쓰이며, 여자들이 쓸 경우 교양없는 사람이 된다.

③ 3인칭대명사

근칭	중칭	원칭	부정칭
この ひと (이 사람) この かた (이 분)	その ひと (그 사람) その かた (그 분)	あの ひと (저 사람) あの かた (저 분)	どの ひと／だれ (어느 사람／누구) どの かた／どなた (어느 분)

☞ 「かた(方)」는 「ひと(人)(사람)」의 공손한 말씨로 우리말의
「분」에 해당한다. 남녀 구별없이 쓰인다.
「どなた」는 「어느 분」의 뜻으로 이름이 무엇인지, 무엇을 하
는 사람인지 모르는 사람을 가리킬 때 쓰이는 말로 「だれ」의
공손한 말씨이다.
그밖에 3인칭대명사로는 「かれ(그·그이)」와 「かのじょ(그
녀)」가 있다.

☐ 조사 「の」의 용법

「の」는 우리말의 「의」에 해당하는 조사로, 「명사＋の＋명사」의
형태로 뒤의 명사가 어떤 것인가를 설명하는 뜻으로 쓰인다.
단, 우리말의 경우는 명사와 명사 사이의 조사 「의」가 생략되는
경우가 많으나, 일본어에서는 반드시 「の」로 연결해야 하며 생략
해서는 안된다.

예 **わたしの** かばん　　내(나의) 가방
　　あなたの ほん　　당신(의) 책

☐ ～さん

「さん」은 주로 사람의 성이나 이름에 붙어 상대방에게 경의나 친
근감을 나타내는 말로 우리말의 「씨, 님, 양」에 해당한다.

예 金**さん** 김씨, 김양

のむら**さん** 노무라 씨, 노무라 양

おとう**さん** 아버지

☞ 단, 이름에는 「さん」을 붙이지 않고 성에만 붙인다.

❏ 주요 国名·人·語

国名	人(じん)	語(ご)
韓国	かんこくじん	かんこくご
日本	にほんじん	にほんご
中国	ちゅうごくじん	ちゅうごくご
アメリカ	アメリカじん	英語(えいご)
ロシア	ロシアじん	ロシアご
イタリア	イタリアじん	イタリアご
フランス	フランスじん	フランスご
イギリス	イギリスじん	英語(えいご)
ドイツ	ドイツじん	ドイツご
スペイン	スペインじん	スペインご
インド	インドじん	インドご

❖ 연습 문제

1 다음 일본어를 우리말로 옮기시오.

① あなたは にほんじんですか。

② あの ひとは にほんじんでは ありません。

③ はい、 そうです。 かんこくじんです。

④ あの かたは どなたですか。

② 다음 긍정문을 부정문으로 바꾸시오.
  ① わたしは がくせいです。
  ② この かたは かいしゃいんです。
  ③ 金さんは にほんごの せんせいです。
  ④ わたしの せんせいです。

③ 다음 우리말을 일본어로 바꾸시오.
  ① 김씨는 어느 분이십니까?
  ② 이 회사의 회사원입니다. (かいしゃ, かいしゃいん)
  ③ 당신도 영어 선생님입니까? (えいご)
  ④ 당신은 일본인입니까, 한국인입니까?

◙ 연습 해답 ◙

① ① 당신은 일본인입니까?
  ② 저 사람은 일본인이 아닙니다.
  ③ 네, 그렇습니다. 한국인입니다.
  ④ 저 분은 누구십니까?

② ① わたしは がくせいでは ありません。
  ② この かたは かいしゃいんでは ありません。
  ③ 金さんは にほんごの せんせいでは ありません。
  ④ わたしの せんせいでは ありません。

③ ① 金さんは どなたですか。
  ② この かいしゃの かいしゃいんです。
  ③ あなたも えいごの せんせいですか。
  ④ あなたは にほんじんですか、 かんこくじんですか。

제3과

これは あなたの とけいですか
(이것은 당신의 시계입니까)

>> 8일째

☐☐월 ☐☐일

3 これは あなたの とけいですか

■ 학습 목표 ■

> 1 연체사(この・その・あの・どの)
>
> 2 조사「の」의 준체 용법
>
> 3 중지법「~で、」의 용법

고 레 와 아 나 따 노 도 께 ー 데 스 까
これは あなたの とけいですか。

이것은 당신 시계입니까?

하 이 소 레 와 와 따 시 노 도 께 ー 데 스
はい、 それは わたしの とけいです。

네, 그것은 제 시계입니다.

소 레 와 야 마 다 상 노 노 또 데 스 까
それは やまださんの ノートですか。

그것은 야마다 씨의 노트입니까?

이 ー 에 야 마 다 상 노 노 또 데 와 아 리 마 셍
いいえ、 やまださんの ノートでは ありません。

아니오, 야마다 씨의 노트가 아닙니다.

고 레 와 보 루 펜 데 고 레 와 만 넹 히 쯔 데 스
これは ボールペンで、 これは まんねんひつです。

이것은 볼펜이고, 이것은 만년필입니다.

소 레 와 지 도 - 샤 데 아 레 와 지 멘 샤 데 스
それは じどうしゃで、 あれは じてんしゃです。

그것은 자동차이고, 저것은 자전거입니다.

고 노 보 루 펭 와 아 나 따 노 데 스 까
この ボールペンは あなたのですか。

이 볼펜은 당신 것입니까?

하 이 와 따 시 노 데 스
はい、 わたしのです。

네, 제 것입니다.

고 노 만 넨 히 쯔 모 아 나 따 노 데 스 까
この まんねんひつも あなたのですか。

이 만년필도 당신 것입니까?

하 이 소 - 데 스 와 따 시 노 데 스
はい、 そうです。 わたしのです。

네, 그렇습니다. 제 것입니다.

아 노 지 도 - 샤 와 아 나 따 노 데 스 까
あの じどうしゃは あなたのですか。

저 자동차는 당신 것입니까?

이 - 에 와 따 시 노 데 와 아 리 마 셍
いいえ、 わたしのでは ありません。

아니오, 제 것이 아닙니다.

아 노 지 멘 샤 와 다 레 노 데 스 까
あの じてんしゃは だれのですか。

저 자전거는 누구 것입니까?

あの じてんしゃは たなかさんのです。

저 자전거는 다나까 씨의 것입니다.

では、 あなたの じてんしゃは どれですか。

그럼, 당신 자전거는 어느 것입니까?

わたしのは これです。

제 것은 이것입니다.

この ほんと じしょは だれのですか。

이 책과 사전은 누구 것입니까?

ほんは キムさんので、 じしょは ソンさんのです。

책은 김씨 것이고, 사전은 손씨 것입니다.

◩ 어구 해석 ◩

とけい … 시계   あの … 저
ノート … 노트   だれ … 누구
この … 이   では … 그럼
ボールペンで … 볼펜이고   どれ … 어느 것
まんねんひつ … 만년필   ほん … 책
じどうしゃ … 자동차   ～と … ～ 와(과)
じてんしゃ … 자전차   じしょ … 사전
あなたのですか … 당신 것입   キムさんので … 김씨 것이고
니까

◩ 문형 연습

1 다 레 노   다 바 꼬 데 스 까
   だれの たばこですか。

   누구 담배입니까?

   이 상   노 데 스
   李さんのです。

   이씨 것입니다.

2 고 레 와   아 나 따 노 데 스 까
   これは あなたのですか。

   이것은 당신 것입니까?

<ruby>は<rt>하 이</rt></ruby>い、 <ruby>わ<rt>와</rt></ruby><ruby>た<rt>따</rt></ruby><ruby>し<rt>시</rt></ruby><ruby>の<rt>노</rt></ruby><ruby>で<rt>데</rt></ruby><ruby>す<rt>스</rt></ruby>。

네, 제 것입니다.

<ruby>い<rt>이</rt></ruby><ruby>い<rt>一</rt></ruby><ruby>え<rt>에</rt></ruby>、 <ruby>わ<rt>와</rt></ruby><ruby>た<rt>따</rt></ruby><ruby>し<rt>시</rt></ruby><ruby>の<rt>노</rt></ruby><ruby>で<rt>데</rt></ruby><ruby>は<rt>와</rt></ruby> <ruby>あ<rt>아</rt></ruby><ruby>り<rt>리</rt></ruby><ruby>ま<rt>마</rt></ruby><ruby>せ<rt>셍</rt></ruby>ん。

아니오, 제 것이 아닙니다.

3 <ruby>な<rt>난</rt></ruby><ruby>ん<rt>노</rt></ruby>の <ruby>ほ<rt>혼</rt></ruby>ん<ruby>で<rt>데</rt></ruby><ruby>す<rt>스</rt></ruby><ruby>か<rt>까</rt></ruby>。

무슨 책입니까?

<ruby>に<rt>니</rt></ruby><ruby>ほ<rt>홍</rt></ruby>ん<ruby>ご<rt>고</rt></ruby><ruby>の<rt>노</rt></ruby> <ruby>ほ<rt>혼</rt></ruby>ん<ruby>で<rt>데</rt></ruby><ruby>す<rt>스</rt></ruby>。

일본어 책입니다.

4 <ruby>こ<rt>고</rt></ruby><ruby>れ<rt>레</rt></ruby><ruby>は<rt>와</rt></ruby> <ruby>だ<rt>다</rt></ruby><ruby>れ<rt>레</rt></ruby><ruby>の<rt>노</rt></ruby><ruby>で<rt>데</rt></ruby><ruby>す<rt>스</rt></ruby><ruby>か<rt>까</rt></ruby>。

이것은 누구 것입니까?

<ruby>そ<rt>소</rt></ruby><ruby>れ<rt>레</rt></ruby><ruby>は<rt>와</rt></ruby> <ruby>わ<rt>와</rt></ruby><ruby>た<rt>따</rt></ruby><ruby>し<rt>시</rt></ruby><ruby>の<rt>노</rt></ruby><ruby>で<rt>데</rt></ruby>、 <ruby>こ<rt>고</rt></ruby><ruby>れ<rt>레</rt></ruby><ruby>は<rt>와</rt></ruby> <ruby>の<rt>노</rt></ruby><ruby>む<rt>무</rt></ruby><ruby>ら<rt>라</rt></ruby><ruby>さ<rt>상</rt></ruby>ん<ruby>の<rt>노</rt></ruby><ruby>で<rt>데</rt></ruby><ruby>す<rt>스</rt></ruby>。

그것은 제 것이고, 이것은 노무라 씨 것입니다.

✪ 어법 해설

❏ 연체사

연체사란 단독으로 쓰이지 않고 체언 앞에서 뒤의 체언을 수식하는 것을 말한다.

근칭	중칭	원칭	부정칭
この (이)	その (그)	あの (저)	どの (어느)

예 **この** ひとは だれですか。

　이 사람은 누굽니까?

　その かたは どなたですか。

　그 분은 누구십니까?

　あの くるまは わたしの くるまです。

　저 차는 내 차입니다.

❏ 「の」의 준체용법

「の」는 명사와 명사 사이에 붙어 「의」라는 뜻을 나타내지만, 「もの(것)」이라는 뜻으로도 쓰인다.

즉 「~の もの(~의 것)」의 축약형이다.

예 わたし**の**(=の もの)は これです。

　내 것은 이것입니다.

　この ざっしは せんせい**の**(=の もの)です。

　이 잡지는 선생님 것입니다.

　あなた**の**(=の もの)は どれですか。

　당신의 것은 어느 것입니까?

❏ 조사 「と」의 용법

「と」는 두가지 이상의 사물·사항을 나열할 때 쓰이는 조사로 우리말의 「와(과)」에 해당하는 말이다.

예 あなたと わたしは がくせいです。

　　당신과 나는 학생입니다.

　　金さんのと 李さんのです。

　　김씨 것과 이씨 것입니다.

❏ 중지법 「で」의 용법

「で」는 단정을 나타내는 조동사 「だ・です」의 중지형으로 「~이고, ~이며」의 뜻을 나타내는 말이다.

예 あなたは せんせいです。 わたしは がくせいです。

　　→ あなたは せんせいで、 わたしは がくせいです。

　　　　당신은 선생님이고, 나는 학생입니다.

　　あなたは にほんじんです。 わたしは かんこくじんです。

　　→ あなたは にほんじんで、 わたしは かんこくじんです。

　　　　당신은 일본인이고, 나는 한국인입니다.

❏ では

「では」는 「그럼」이라는 뜻으로 「それでは」의 준말이다. 또한 일상 회화에서는 「じゃ」 또는 「それじゃ」로 줄여서 쓰기도 한다.

예 これは だれのですか。

　　이것은 누구 것입니까?

　　それは 金さんのです。

　　그것은 김씨 것입니다.

　　では、 これは だれのですか。

　　그럼, 이것은 누구 것입니까?

◘ 연습 문제

1 다음 두 문장을 한 문장으로 만드시오

① これは わたしのです。 それは あなたのです。

② これも 金さんのです。 あれも 金さんのです。

③ この とけいは わたしのです。 あの とけいは あなたのです。

④ あの ひとは せんせいです。 この ひとは がくせいです。

2 다음 빈칸에 적당한 말을 넣으시오.

① これは 金さん□です。 (~의 것)

② あなた□ わたしは がくせいです。 (~과)

③ これ□ それ□ あなたのですか。 (~도)

④ これは 金さんの□、 それは 李さんのです。 (~이고)

3 다음 우리말을 일본어로 바꾸시오.

① 이것은 누구 것입니까?

② 그것은 김씨 것입니다.

③ 저것도 당신 것입니까?

④ 아니오, 저것은 김씨 것이고, 이것은 내 것입니다.

◘ 연습 해답 ◘

1 ① これは わたしので、 それは あなたのです。

② これも 金さんので、 あれも 金さんのです。

③ この とけいは わたしので、 あの とけいは あなたのです。

④ あの ひとは せんせいで、 この ひとは がくせいです。

2 ① の ② と ③ も, も ④ で

3 ① これは だれのですか。
② それは 金さんのです。
③ あれも あなたのですか。
④ いいえ、 あれは 金さんので、 これは わたしのです。

この ふくは あおいです
(이 옷은 파랗습니다)

월 일

88

4 この ふくは あおいです

■ 학습 목표 ■

1. 형용사의 기본형
2. 형용사의 기본형＋です
3. 형용사의 부정형「〜く ありません」
4. 형용사의 연체형(기본형＋체언)
5. 연체사(こんな・そんな・あんな・どんな)

고 노 가방 와 아 까 이
この かばんは あかい。

이 가방은 빨갛다.

고 노 후꾸 와 아오이데스
この ふくは あおいです。

이 옷은 파랗습니다.

고 노 후꾸 와 아 까 꾸 나 이
この ふくは あかく ない。

이 옷은 빨갛지 않다.

고 레 와 기 ー 로 이 레 몬 데 스
これは きいろい レモンです。

이것은 노란 레몬입니다.

고노 가방 와 아까이데스까
この かばんは あかいですか。

이 가방은 빨갛습니까?

이 - 에 아까꾸 아리마셍
いいえ、 あかく ありません。

아니오, 빨갛지 않습니다.

아노 후꾸와 아오이데스 까
あの ふくは あおいですか。

저 옷은 파랗습니까?

이 - 에 아오꾸 아리마셍 시로이데스
いいえ、 あおく ありません。 しろいです。

이니오, 파랗지 않습니다. 하얗습니다.

아 노 기 - 로 이 레몽 와 다레노데스 까
あの きいろい レモンは だれのですか。

저 노란 레몬은 누구 것입니까?

기 - 로 이 레몽 와 노무라상 노데스
きいろい レモンは のむらさんのです。

노란 레몬은 노무라 씨 것입니다.

고 레 와 난 데 스 까
これは なんですか。

이것은 무엇입니까?

가 미 데 스
かみです。

종이입니다.

<ruby>あの<rt>아 노</rt></ruby> <ruby>かみは<rt>가 미 와</rt></ruby> <ruby>おおきい<rt>오 ― 끼 ―</rt></ruby><ruby>ですか<rt>데 스 까</rt></ruby>。

저 종이는 큽니까?

<ruby>いいえ<rt>이 ― 에</rt></ruby>、 <ruby>おおきくは<rt>오 ― 끼 꾸 와</rt></ruby> <ruby>ありません<rt>아 리 마 셍</rt></ruby>。 <ruby>ちいさい<rt>찌 ― 사 이</rt></ruby><ruby>です<rt>데 스</rt></ruby>。

아니오, 크지는 않습니다. 작습니다.

<ruby>この<rt>고 노</rt></ruby> <ruby>ちいさい<rt>찌 ― 사 이</rt></ruby> <ruby>かみは<rt>가 미 와</rt></ruby> <ruby>しろい<rt>시 로 이</rt></ruby><ruby>ですか<rt>데 스 까</rt></ruby>、 <ruby>あおい<rt>아 오 이</rt></ruby><ruby>ですか<rt>데 스 까</rt></ruby>。

이 작은 종이는 하얗습니까, 파랗습니까?

<ruby>いいえ<rt>이 ― 에</rt></ruby>、 <ruby>しろくも<rt>시 로 꾸 모</rt></ruby> <ruby>あおくも<rt>아 오 꾸 모</rt></ruby> <ruby>ありません<rt>아 리 마 셍</rt></ruby>。

아니오, 하얗지도 파랗지도 않습니다.

<ruby>では<rt>데 와</rt></ruby>、 <ruby>どんな<rt>돈 나</rt></ruby> <ruby>いろ<rt>이 로</rt></ruby><ruby>ですか<rt>데 스 까</rt></ruby>。

그럼, 어떤 색입니까?

<ruby>くろい<rt>구 로 이</rt></ruby> <ruby>いろ<rt>이 로</rt></ruby><ruby>です<rt>데 스</rt></ruby>。

검은 색입니다.

◙ 어구 해석 ◙

ふく … 옷   しろい … 하얗다
あおい … 파랗다   かみ … 종이
かばん … 가방   おおきい … 크다
あかく ない … 빨갛지 않다   ちいさい … 작다
きいろい … 노랗다   どんな … 어떤
レモン … 레몬   いろ … 색
あかくは ありません … 빨갛   くろい … 까맣다
지는 않습니다

◙ 문형 연습

1 このりんごは あかい。
　　고　노　　링　고　와　아　까　이

이 사과는 빨갛다.

このりんごは あかいです。
　고　노　링　고　와　아　까　이　데　스

이 사과는 빨갛습니다.

2 あの たてものは たかいですか。
　아　노　다　떼　모　노　와　다　까　이　데　스　까

저 건물은 높습니까?

4. この ふくは あおいです

はい、 たかいです。

네, 높습니다.

いいえ、 たかく ありません。

아니오, 높지 않습니다.

3 あの おおきい ほんは たれのですか。

저 큰 책은 누구 것입니까?

あの おおきい ほんは わたしのです。

저 큰 책은 제 것입니다.

4 この ねだんは たかいですか、 やすいですか。

이 가격은 비쌉니까, 쌉니까?

いいえ、 たかくも やすくも ありません。

아니오, 비싸지도 싸지도 않습니다.

5 これは どんな いろですか。

이것은 무슨 색입니까?

それは あおいです。

그것은 파랗습니다.

◘ 어법 해설

❑ 형용사

일본어의 형용사는 활용이 있는 자립어로써 단독으로 술어가 될 수 있고, 기본형의 어미는「い」로 끝나며, 사물의 성질과 상태를 나타낸다.

예 あか**い**(빨갛다), あお**い**(파랗다), きいろ**い**(노랗다)

① 정중형

정중하게 표현하고자 할 때는「기본형＋です」의 형태로 형용사의 기본형에 단정을 나타내는 조동사「です」를 접속하면 된다.

예 あかい → あかい**です** (빨갛습니다)
あおい → あおい**です** (파랗습니다)
きいろい → きいろい**です** (노랗습니다)

② 연체형

일본어의 형용사는 체언 앞에서 뒤의 체언을 수식할 때는 우리말과는 달리 어미가 변하지 않고 기본형을 취한다.

예 あかい＋りんご → あか**い** りんご (빨간 사과)
あおい＋そら → あお**い** そら (파란 하늘)
きいろい＋みかん → きいろ**い** みかん (노란 귤)

③ 부정형

일본어의 형용사를 부정으로 만들 때는 어미「い」를「く」로 바꾸어 부정을 나타내는 말「ない(않다)」「ありません(않습니다)」를 접속하면 된다.

예 あかい → あかく **ない** (빨갛지 않다)

　　　　　 あかく **ありません** (빨갛지 않습니다)

　　あおい → あおく **ない** (파랗지 않다)

　　　　　 あおく **ありません** (파랗지 않습니다)

　　きいろい → きいろく **ない** (노랗지 않다)

　　　　　　 きいろく **ありません** (노랗지 않습니다)

❏ **あかいですか**

공손하게 물을 때는 단정을 나타내는「です」에 의문을 나타내는 종조사「か」가 접속된 형태인「ですか」를 기본형에 접속하면 된다.

예 あかい → あかいです → あか**いですか** (빨갛습니까)

　　あおい → あおいです → あお**いですか** (파랗습니까)

❏ **あかくは ありません**

형용사 부정을 강조할 때는 조사「は 은, 는」를 삽입하여 부정어「ない」또는「ありません」을 접속한다.

예 あかく ない

　 → あかく**は ない** (빨갛지는 않다)

　 あかく ありません

　 → あかく**は ありません** (빨갛지는 않습니다)

　 あおく ない

　 → あおく**は ない** (파랗지는 않다)

　 あおく ありません

　 → あおく**は ありません** (파랗지는 않습니다)

❏ **しろくも ありません**

두 가지 이상의 상태를 부정하거나, 강조할 때는 조사「も(도)」를 삽입하여「ない」또는「ありません」을 접속한다.

예 あかく ない

→ あか**くも ない**（빨갛지도 않다）

あかく ありません

→ あか**くも ありません**（빨갛지도 않습니다）

あおく ない

→ あお**くも ない**（파랗지도 않다）

あおく ありません

→ あお**くも ありません**（파랗지도 않습니다）

❏ 체언 부정과 형용사 부정의 차이

체언을 부정할 때는「~では(じゃ) ありません」이지만 형용사의 경우는「~く ありません」이므로 주의해야 한다.

예 はこです → はこ**では(じゃ) ない**（체언）

　　　　　 → はこ**では(じゃ) ありません**

あおいです → あお**く ない**（형용사）

　　　　　　 → あお**く ありません**

❏ 연체사

단독으로 쓰이지 않고 체언 앞에 붙어 뒤의 체언을 수식하는 연체사 중에 우리말의「이런·저런·그런·어떤」에 해당하는 일본어의 연체사는 다음과 같다.

근칭	중칭	원칭	부정칭
こんな	そんな	あんな	どんな
이런	그런	저런	어떤
이러한	그러한	저러한	어떠한

예 **あんな** ものは よく ありません。
저런 것은 좋지 않습니다.
どんな いろの かばんですか。
어떤 색의 가방입니까?

◇ 연습 문제

1 다음 문장을 정중형으로 바꾸시오.
① この りんごは あまい。 (달다)
② この へやは せまい。 (방, 좁다)
③ この えんぴつは みじかい。 (연필, 짧다)
④ これは あおい。 (파랗다)

2 다음 문장을 부정형 「~く ありません」으로 바꾸시오.
① あの えんぴつは ながい。 (길다)
② この かみは しろい。 (종이, 하얗다)
③ そらは たかい。 (하늘, 높다)
④ あの くるまは おおい。 (차, 많다)

3 다음 우리말을 일본어로 바꾸시오.
① 이 책상은 어떤 색입니까?
② 이 사과는 큽니다.
③ 높은 건물입니다.
④ 이 책은 크지 않습니다.

◘ 연습 해답 ◘

1 ① この りんごは あまいです。
　② この へやは せまいです。
　③ この えんぴつは みじかいです。
　④ これは あおいです。

2 ① あの えんぴつは ながく ありません。
　② この かみは しろく ありません。
　③ そらは たかく ありません。
　④ あの くるまは おおく ありません。

3 ① この つくえは どんな いろですか。
　② この りんごは おおきいです。
　③ たかい たてものです。
　④ この ほんは おおきく ありません。

◎ 필수 회화

▣ 사람을 만났을 때

- おはよう。
  안녕(잘 잤니)

- おはよう ございます。
  안녕하세요(안녕히 주무셨어요).

- こんにちは。
  안녕하세요. (낮인사)

- こんばんは。
  안녕하세요. (저녁인사)

- しばらくでした。
  오래간만이군요.

- おひさしぶりです。
  오래간만입니다. (정중한 표현)

- ごぶさたして おります。
  오랫동안 인사를 못 드렸습니다.

제5과

ここに でんわが あります
(여기에 전화가 있습니다)

>> 10일째

□□월 □□일

5 ここに でんわが あります

■ 학습 목표 ■

1 존재 표현 「あります・ありません」

2 장소・방향의 지시대명사

3 여러가지 조사의 용법

　(に・か・が・や)

4 고유수사 「ひとつ·ふたつ …… 」

고꼬니 해야가 아리마스
ここに へやが あります。

여기에 방이 있습니다.

고 노 해야니 나니가 아리마스 까
この へやに なにが ありますか。

이 방에 무엇이 있습니까?

테 레 비또 벳 도또 뎅 와가 아리마스
テレビと ベッドと でんわが あります。

텔레비전과 침대와 전화가 있습니다.

고 노 해야니 레 ー 조 ー 꼬가 아리마스 까
この へやに れいぞうこが ありますか。

이 방에 냉장고가 있습니까?

いいえ、 ありません。 あそこに あります。

아니오, 없습니다. 저기에 있습니다.

れいぞうこの なかには なにが ありますか。

냉장고 안에는 무엇이 있습니까?

やさいや くだものや ぎゅうにゅう などが あります。

야채랑 과일이랑 우유 등이 있습니다.

れいぞうこの うえにも なにか ありますか。

냉장고 위에도 무어가 있습니까?

いいえ、 なにも ありません。

아니오, 아무 것도 없습니다.

まどは どちらですか。

창문은 어디입니까?

まどは こちらです。

창문은 이쪽입니다.

この いえに ドアが いくつ ありますか。

이 집에 문이 몇 개 있습니까?

ひとつ、 ふたつ、 みっつ、 よっつ、 いつつ

하나, 둘, 셋, 넷, 다섯

이쯔쯔 아리마스
いつつ あります。

다섯 개 있습니다.

마도모 이쯔쯔 아리마스까
まども いつつ ありますか。

창문도 다섯 개 있습니까?

히또쯔 뭇쯔 나나쯔 얏쯔 고꼬노쯔 도-
ひとつ … むっつ、ななつ、やっつ、ここのつ、とお

하나 … 여섯, 일곱, 여덟, 아홉, 열

도- 아리마스
とお あります。

열 개 있습니다.

☑ 어구 해석 ☑

ここ … 여기	やさい … 야채
~に … ~에	~や … ~랑
でんわ … 전화	くだもの … 과일
~が … ~이, 가	ぎゅうにゅう … 우유
あります … 있습니다	~など … 등, 따위
へや … 방	うえ … 위
ある … 있다	~にも … ~에도
なにが … 무엇이	なにか … 무언가
ありますか … 있습니까	なにも … 아무 것도

れいぞうこ … 냉장고		どちら … 어느쪽	
ありません … 없습니다		こちら … 이쪽	
あそこ … 저기		ドア … 문	
なか … 안, 속		いくつ … 몇개	
～には … ～에는			

◘ 문형 연습

1 あそこに なにが ありますか。

저기에 무엇이 있습니까?

おおきい えきが あります。

큰 역이 있습니다.

2 じむしょは どこに ありますか。

사무실은 어디에 있습니까?

ホテルの ちかくに あります。

호텔 근처에 있습니다.

3 へやの なかに なにが ありますか。

방 안에 무엇이 있습니까?

<ruby>テレビ<rt>테 레 비</rt></ruby>や <ruby>たんす<rt>야 단 스</rt></ruby> <ruby>など<rt>나 도</rt></ruby>が <ruby>あります<rt>가 아 리 마 스</rt></ruby>。

텔레비전이랑 장농 등이 있습니다.

<ruby>へやの<rt>헤 야 노</rt></ruby> <ruby>なかには<rt>나 까 니 와</rt></ruby> <ruby>なにも<rt>나 니 모</rt></ruby> <ruby>ありません<rt>아 리 마 셍</rt></ruby>。

방 안에는 아무 것도 없습니다.

④ <ruby>あなたの<rt>아 나 따 노</rt></ruby> <ruby>へやには<rt>헤 야 니 와</rt></ruby> <ruby>まどが<rt>마 도 가</rt></ruby> <ruby>いくつ<rt>이 꾸 쯔</rt></ruby> <ruby>ありますか<rt>아 리 마 스 까</rt></ruby>。

당신 방에는 창이 몇 개 있습니까?

<ruby>ふたつ<rt>후 따 쯔</rt></ruby> <ruby>あります<rt>아 리 마 스</rt></ruby>。

두 개 있습니다.

✪ 어법 해설

❏ 존재 표현

ある	**있다**
あります	**있습니다**
ありません	**없습니다**

①「あります」는 동사인 존재를 나타내는「ある」의 연용형, 즉 어미「る」가「り」로 바뀌어 공손한 뜻을 나타내는 조동사「ます」가 접속된 형태로「있습니다」의 뜻이다.

예 まどが ある → まどが **あります**

　 창이 있다　→ 창이 있습니다.

　 テレビが ある　→ テレビが **あります**

　 텔레비전이 있다 → 텔레비전이 있습니다

② 「ありません」은 공손한 뜻을 나타내는 조동사「ます」의 부정형인「ません」이 접속된 형태로「없습니다」의 뜻이다.

예 まどが あります → まどが **ありません**

　 창이 있습니다　→ 창이 없습니다

　 テレビが あります　→ テレビが **ありません**

　 텔레비전이 있습니다 → 텔레비전이 없습니다

☞ 체언 다음에 조사가 오고, 뒤에「ある」「あります」「ありません」이 오면 존재의 유무를 나타내는 동사이지만, 체언 다음에 「で」가 오고, 그 다음에「ある」「あります」「ありません」이 오면, 이 때의「ある」는 보조동사가 되어 단정의 부정·긍정이 된다.

존재(동사)	단정(보조동사)
まどが **ある** (창이 있다)	まどで**ある** (창이다)
まどが **あります** (창이 있습니다)	まどで**あります**(＝まどです) (창입니다)
まどが **ありません** (창이 없습니다)	まどで **ありません** (창이 아닙니다)
まどは **ありません** (창은 없습니다)	まどでは **ありません** (창이 아닙니다)
まども **ありません** (창도 없습니다)	まどでも **ありません** (창도 아닙니다)

☐ 장소·방향을 나타내는 지시대명사

	근칭	중칭	원칭	부정칭
장소	ここ (여기)	そこ (거기)	あそこ (저기)	どこ (어디)
방향	こちら (이쪽)	そちら (그쪽)	あちら (저쪽)	どちら (어느쪽)

☞ 장소를 나타내는 지시대명사 중에 원칭은「あこ」가 아니라「あそこ」이므로 주의해서 암기를 요한다.

방향을 나타내는 지시대명사는 일상 회화에서「こっち(이쪽), そっち(그쪽), あっち(저쪽), どっち(어느쪽)」로 표현하기도 한다. 그러나「こちら・そちら・あちら・どちら」보다 점잖은 표현은 아니다.

예 あなたの おすまいは **どこ**ですか。

당신의 집은 어디입니까?

あなたの へやは **どちら**ですか。

딩신의 방은 어느쪽입니까?

こちらです。

이쪽입니다.

☐ 고유 수사

우리말의「일・이・삼・사・오~」를 읽을 때는 한자음이다. 일본어도 마찬가지로「いち・に・さん・し・ご~」라고 한자음으로 읽는다.

또한, 고유 수사인「하나・둘・셋・넷・다섯~」이라고 할 때도

「ひとつ・ふたつ・みっつ・よっつ・いつつ～」라고 한다. 그러나 주의할 것은 우리는 고유 수사로「아흔 아홉」까지 셀 수 있지만, 일본어에서는「열」까지밖에 없다.

즉「ひとつ(하나), ふたつ(둘), みっつ(셋), よっつ(넷), いつつ(다섯), むっつ(여섯), ななつ(일곱), やっつ(여덟), ここのつ(아홉), とお(열)」이다.

또, 고유 수사는 물건을 셀 경우「한 개, 두 개, ～ 」의 뜻으로 쓰이기도 하나 물건의 종류에 따라 조수사가 있다.

❏ いくつ

「いくつ」는 숫자를 물을 때는「몇, 몇 개」라는 뜻이 되고, 나이를 물을 때는 접두어「お」를 접속하여「おいくつ」형태로「몇 살」이라는 뜻으로도 쓰인다.

예 まどは **いくつ** ありますか。

　창은 몇 개 있습니까?

　いま **おいくつ**ですか。

　지금 몇 살이십니까?

❏ 조사「に」의 용법

「に」는 용법이 다양하나, 여기에서처럼 사물이 존재하는 장소를 나타내는 조사로 우리말의「～에」에 해당한다.

예 ここに つくえが あります。

　여기에 책상이 있습니다.

　へやの なかに テレビが あります。

　방 안에 텔레비전이 있습니다.

☞「には」는 존재를 나타내는 조사「に」에「은(는)」의 뜻인 조사

「は(와)」가 접속된 형태로「～에는」의 뜻이다.

예 へやには なにが ありますか。

방에는 무엇이 있습니까?

☞ 「にも」도 존재를 나타내는 조사「に」에「도」의 뜻인 조사「も」
가 접속된 형태로「～에도」의 뜻이다.

예 えんぴつは どこにも ありません。

연필은 어디에도 없습니다.

❏ 조사「が」의 용법
「が」는 주격을 나타내는 조사로서 우리말의「～이(가)」에 해당한다.

예 わたしが 金さんの せんせいです。

내가 김씨의 선생님입니다.

どれが あなたの かばんですか。

어느 것이 당신 가방입니까?

❏ 조사「か」의 용법
「か」가 종조사로 쓰일 경우에는 의문의 뜻을 나타내지만, 문장 안
에서 부조사로 쓰일 경우에는 불확실한 뜻을 나타낸다. 우리말의
「～인가, ～인지」에 해당한다.

예 これは なんですか。(종조사)

이것은 무엇입니까?

なにか ありますか。(부조사)

뭔가 있습니까?

❏ 조사「や」의 용법
「や」는 사물을 열거할 때 쓰는 말로 우리말의「～이랑」에 해당한

다. 주로「명사＋や＋명사＋や＋명사＋など」의 형태로 쓰인다.

예 りんご**や** すいか**や** みかん **など**が あります。

사과랑 수박이랑 귤 등이 있습니다.

かみ**や** テレビ **など**が あります。

종이랑 텔레비전 등이 있습니다.

☞「～や ～や ～など」는 열거한 것 이외에 더 있다는 뜻으로 쓰이
지만 ,「～と～と」는 그것밖에 없다는 한정의 뜻을 나타낸다.

예 ほん**と** ノート**と** えんぴつが あります。

책과 노트와 연필이 있습니다.

◎ 연습 문제

1 다음 □에 알맞는 조사를 넣으시오.

① この へやに なに□ ありますか。 （～이）

② この なかに なに□ ありますか。 （～인가）

③ ここ□ ほんが あります。 （～에）

④ りんご□ なし□ すいか などが あります。 （～이랑）

2 다음 （ ） 안의 우리말을 일본어로 바꾸시오.

① ここに つくえが （있습니다.）

② ここには なにも （없습니다.）

③ これは わたしの ノート （가 아닙니다.）

④ これは かみでも ほん （도 아닙니다.）

③ 다음 우리말을 일본어로 바꾸시오.
　① 이 안에는 아무 것도 없습니다.
　② 이 상자 속에는 무엇이 있습니까? (はこ)
　③ 이것은 몇 개입니까?
　④ 여기에는 책상과 의자가 있습니다.

◙ 연습 해답 ◙

① ① が　② か　③ に　④ や, や

② ① あります　② ありません
　③ では ありません　④ でも ありません

③ ① この なかには なにも ありません。
　② この はこの なかには なにが ありますか。
　③ これは いくつですか。
　④ ここには つくえと いすが あります。

はじめまして
(처음뵙겠습니다)

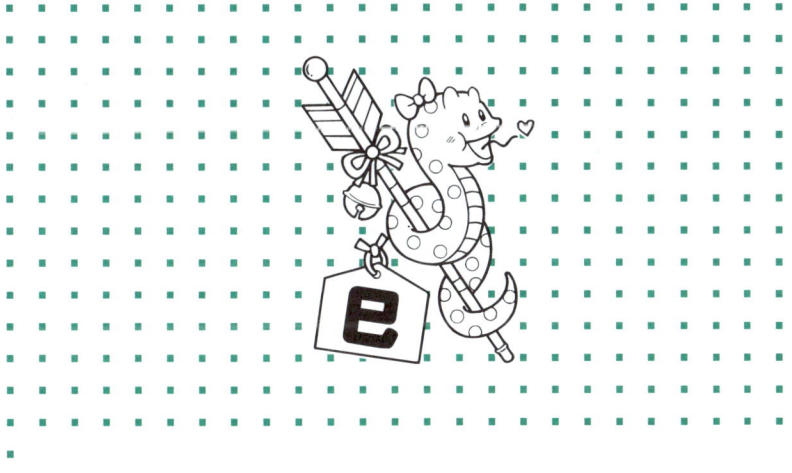

□□월 □□일

6 はじめまして

■ 학습 목표 ■

> ① 자기 소개 표현
>
> ② 종조사 「ね」의 용법
>
> ③ 종조사 「よ」의 용법
>
> ④ 일본어 한자 읽는 법

<ruby>木村<rt>기무라</rt></ruby>さん<ruby>は<rt>와</rt></ruby> <ruby>会社員<rt>가이샤인</rt></ruby>です。 <ruby>田中<rt>다나까</rt></ruby>さん<ruby>も<rt>모</rt></ruby> <ruby>会社員<rt>가이샤인</rt></ruby>です。

기무라 씨는 회사원입니다. 다나까 씨도 회사원입니다.

<ruby>木村<rt>기무라</rt></ruby>さん<ruby>と<rt>또</rt></ruby> <ruby>田中<rt>다나까</rt></ruby>さん<ruby>の<rt>노</rt></ruby> <ruby>会話<rt>가이와</rt></ruby>です。

기무라 씨와 다나까 씨의 대화입니다.

木村 <ruby>はじめまして<rt>하지메마시떼</rt></ruby>、 <ruby>木村<rt>기무라</rt></ruby>です。 <ruby>どうぞ よろしく<rt>도ー조 요로시꾸</rt></ruby>。

　　　처음 뵙겠습니다, 기무라입니다. 잘 부탁합니다.

田中 <ruby>はじめまして<rt>하지메마시떼</rt></ruby>、 <ruby>田中<rt>다나까</rt></ruby>です。 <ruby>どうぞ よろしく<rt>도ー조 요로시꾸</rt></ruby>。

　　　처음 뵙겠습니다, 다나까입니다. 잘 부탁합니다.

木村 これは わたしの 名刺です。 どうぞ。

이것은 제 명함입니다. 자.

田中 あ、 どうも ありがとう。 木村さんは 会社

員ですね。

아, 고맙습니다. 기무라 씨는 회사원이군요.

木村 はい、 そうです。

네, 그렇습니다.

田中 あなたの 会社は どこに ありますか。

당신 회사는 어디에 있습니까?

木村 わたしの 会社は 大手町に あります。

제 회사는 오떼마찌에 있습니다.

田中 大手町には たくさん 会社が ありますね。

오떼마찌에는 많은 회사가 있지요.

木村 そうです。 あなたの 会社は どこに あり

ますか。

그렇습니다. 당신 회사는 어디에 있습니까?

田中 わたしの 会社は 新宿に あります。

저희 회사는 신쥬꾸에 있습니다.

木村 あー、 そうですか。

아, 그렇습니까?

田中 会社の 前に 公園も ありますよ。

회사 앞에 공원도 있어요.

木村 そうですか。 会社の となりに なにが

ありますか。

그렇습니까. 회사 옆에 무엇이 있습니까?

田中 会社の となりに 高い ビルと 大きい

レストランが あります。

회사 옆에 높은 빌딩과 큰 레스토랑이 있습니다.

木村 その レストランの 食事は おいしいですか。

그 레스토랑의 식사는 맛있습니까?

田中 はい、その レストランの 食事はおいしいです。

네, 그 레스토랑의 식사는 맛있습니다.

◘ 한자 읽기 ◘

木村(きむら)	大手町(おおてまち)
会社員(かいしゃいん)	新宿(しんじゅく)
田中(たなか)	前(まえ)
会話(かいわ)	公園(こうえん)
私(わたし)	高(たか)い
名刺(めいし)	大(おお)きい
会社(かいしゃ)	食事(しょくじ)

◘ 어구 해석 ◘

はじめまして … 처음 뵙겠습니다

会社員(かいしゃいん) … 회사원

会話(かいわ) … 회화

どうぞ … 부디, 아무쪼록

よろしく … 잘

わたくし … 저

めいし … 명함

どうも ありがとう … 매우 감사합니다

〜ね … 〜군요

会社(かいしゃ) … 회사

どこ … 어디

たくさん … 많이

前(まえ) … 앞

公園(こうえん) … 공원

となり … 옆

高(たか)い … 높다

ビル … 빌딩

レストラン … 레스토랑

おいしい … 맛있다

食事(しょくじ) … 식사

◎ 문형 연습

1 はじめまして、金です。 どうぞ よろしく。

처음 뵙겠습니다, 김입니다. 잘 부탁합니다.

はじめまして、田中です。 どうぞ よろしく。

처음 뵙겠습니다, 다나까입니다. 잘 부탁합니다.

2 金さんは 日本語学校の 学生ですね。

김씨는 일본어학교의 학생이군요.

はい、 そうです。

네, 그렇습니다.

3 わたしの 事務所は ソウル駅の 前に あります。

저의 사무실은 서울역 앞에 있습니다.

そうですか。

그렇습니까?

食堂や 文房具屋 などが たくさん ありますよ。

식당이랑 문방구점 등이 많이 있어요.

아 소ー데스까
あー、 そうですか。

아, 그렇습니까?

푸레젠 또데스 도ー조
4 プレゼントです、 どうぞ。

선물입니다, 자 받으십시오.

도ー모 아리가또ー 고자이마스
どうも ありがとう ございます。

정말 감사합니다.

어법 해설

❑ はじめまして

처음 만났을 때 상대방에게 자신을 소개하면서 우선 만나서 반갑다는 인사말로는「はじめまして(처음 뵙겠습니다)」를 쓴다. 본래는「はじめまして おめに かかります」의 형태이나, 뒤의「おめに かかります」가 생략되어 인사말로 굳었다.

❑ どうぞ よろしく

「どうぞ」는 영어의「please」처럼 상대방에게 뭔가를 권할 때 쓰는 말로 우리말의「부디, 자」등에 해당한다.
「よろしく」는 형용사「よろしい(좋다)」의 부사형「よろしく」의 형태이지만,「잘」이라는 뜻으로 부사어로 굳어진 말이다.「どう

ぞ よろしく」는 직역하면「부디, 잘」이라는 말이 되지만, 뒤에 오
는「おねがいします(부탁합니다)」를 생략하여 간편하게 말하기
도 한다.

☐ 金です

자신의 이름을 말할 때는 단정을 나타내는「です」를 써서 표현하
는 것이 일반적이지만 더욱 정중하게 표현하고자 할 때는「～と
もうします(～라고 합니다)」를 쓰기도 한다.

예 はじめまして、 金です。

　처음 뵙겠습니다, 김입니다.

　はじめまして、 金と もうします。

　처음 뵙겠습니다, 김이라고 합니다.

☐ どうも ありがとう

「どうも」는「매우」라는 뜻을 가진 부사이다.

「ありがとう」는「고맙다, 고맙습니다」의 뜻으로 뒤에「ございま
す」가 생략된 형태로 친근한 사이에 쓰며 격식차린 말로는「どう
も ありがとう ございます」라고 한다.

또한「ありがとう ございます」를 생략하고「どうも」만으로도 허
물없는 사이에 감사의 표현을 쓰기도 한다.

☐ 종조사「ね」의 용법

「ね」는 문장의 끝에 와서 가벼운 감동을 나타내거나, 상대에게 동
의를 요구하거나, 다짐을 하는 데 쓰이는 조사로 우리말의「～요,
～군요, ～로군」에 해당한다.

예 そうですね。 글쎄요, 그렇군요.

　すごいですね。 굉장하군요.

　いい 天気ですね。 좋은 날씨군요.

❏ 종조사 「よ」의 용법

「よ」는 상대에게 알리거나, 타이르거나 할 때, 그것을 강조하는 기분을 나타내는 조사로 우리말의 「～요, ～예요」 등에 해당한다.

예 もう 八時ですよ。

벌써 여덟시예요.

そこは あぶないですよ。

거기는 위험해요.

❏ 일본어의 한자

일본어를 공부하면서 가장 큰 어려움은 한자라고 한다. 그러나 반대로 생각하면 한자문화권에 속해 있는 우리로서는 다른 언어보다 훨씬 배우기가 쉽다고 힐 수 있다.

단, 우리와 다른 점은 일본어는 음절 수가 적기 때문에 표기할 때 부득이 한자를 써야만 그 뜻을 명확히 알 수 있다. 따라서 우리는 한글 전용으로도 그 뜻을 알 수 있지만 일본어는 그렇지 못하다. 그럼 우리가 쓰는 한자와 일본어의 한자의 차이를 보면 다음과 같다.

① 일본어의 한자에서는 쓰기가 복잡한 한자를 자획을 정리한 약자(略字)를 사용한다.

國→国　　　學→学　　　會→会　　　圖→図　　　讀→読

② 일본어에서는 한자를 읽을 때는 音読, 訓読을 섞어서 읽는다. 음독은 중국에서 전해 내려온 음을 그대로 읽는 방법이고, 훈독은 한자의 뜻을 새겨서 일본어의 뜻대로 읽는 방법이다.

음 독(音読) → 国(こく), 紙(し), 語(ご) 등
훈 독(訓読) → 国(くに), 紙(かみ), 夜(よる) 등

* 훈독으로만 읽는 경우
　国(くに)나라, 窓(まど)창, 神(かみ)신 등
* 음독으로만 읽는 경우
　本(ほん)책, 一(いち)일, 肉(にく)고기 등
* 훈독＋훈독의 경우
　靴下(くつ した)양말, 手袋(て ぶくろ)장갑 등
* 훈독＋음독의 경우
　見本(み ほん)견본, 手本(て ほん)본보기 등
* 음독＋훈독의 경우
　団子(だん ご)경단, 重箱(じゅう ばこ)찬합 등

이처럼 읽는 방법이 복잡하므로 그때그때 암기하는 수밖에 없으며, 어느 정도의 숙달을 하면 한자 읽기가 쉬워질 것이다.

◘ 연습 문제

1 다음 일본어를 우리말로 바꾸시오.

① はじめまして、 どうぞ よろしく。
② どうも ありがとう ございます。
③ ここには くるまが たくさん ありますね。
④ ここには レストランも ありますよ。

2 다음 우리말을 일본어로 바꾸시오.

① 당신의 회사는 어디에 있습니까?
② 여기에는 과일이 많이 있습니다. (くだもの)
③ 그렇습니까?／그렇군요.
④ 당신은 이 회사의 사원이지요? (社員(しゃいん))

◘ 연습 해답 ◘

1 ① 처음 뵙겠습니다. 잘 부탁합니다.
② 대단히 감사합니다.
③ 여기에는 차가 많이 있군요.
④ 여기에는 식당도 있어요.

2 ① あなたの 会社(かいしゃ)は どこに ありますか。
② ここには くだものが たくさん あります。
③ そうですか。／そうですね。
④ あなたは この 会社(かいしゃ)の 社員(しゃいん)ですね。

◙ 필수 회화

□ 헤어질 때

☐ じゃ また。
그럼 또 만나요.

☐ さようなら
안녕히 가세요(계세요).

☐ さようなら、じゃ また。
안녕, 그럼 또 만나요.

☐ じゃ お元気で さようなら。
그럼 몸 건강히 안녕히 계세요(가세요).

☐ ごきげんよう。
안녕히 계세요(가세요). 〈오랜 작별〉

☐ みなさまに よろしく。
모든 분께 안부 전해 주세요.

☐ おやすみなさい。
안녕히 주무세요.

日本語を 習います

(일본어를 배웁니다)

☐☐월 ☐☐일

7 日本語を 習います

■ 학습 목표 ■

> 1 일본어의 동사
>
> ① 동사의 형태
>
> ② 동사의 종류
>
> ③「ます」의 형
>
> 2 조사「を・で・へ」의 용법

^{아 나 따 와 아사 나니오 시 마 스 까}
あなたは 朝 何を しますか。

당신은 아침에 무엇을 합니까?

^{심 붕 오 요 미 마 스}
新聞を 読みます。

신문을 읽습니다.

^{테 레 비 모 미 마 스 까}
テレビも 見ますか。

텔레비전도 봅니까?

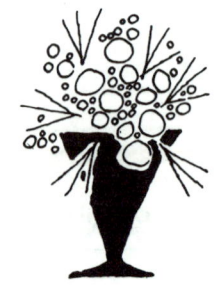

^{하 이 뉴 ― 스 오 미 마 스}
はい、ニュースを 見ます。

네, 뉴스를 봅니다.

朝ごはんは どこで 食べますか。

아침 밥은 어디에서 먹습니까?

駅の 前の レストランで 食べます。

역 앞의 레스토랑에서 먹습니다.

昼は 何を しますか。

낮에는 무엇을 합니까?

会社で 仕事を します。

회사에서 일을 합니다.

会社は 忙しいですか。

회사는 바쁩니까?

はい、 そうです。

네, 그렇습니다.

夜 どこかへ 行きますか。

밤에 어디에 갑니까?

学院へ 行きます。

학원에 갑니다.

学院で 何を 習いますか。

학원에서 무엇을 배웁니까?

니 홍 고 오 나라이 마 스
日本語を 習います。

일본어를 배웁니다.

니 홍 고 와 도 - 데 스 까 무즈까시 - 데 스 까
日本語は どうですか。 難しいですか。

일본어는 어떻습니까. 어렵습니까?

이 - 에 무즈까시꾸 와 아 리 마 셍 야사 시 - 데 스
いいえ、 難しくは ありません。 易しいです。

아니오, 어렵지는 않습니다. 쉽습니다.

니 홍 고 노 후꾸슈- 와 시 마 스 까
日本語の 復習は しますか。

일본어 복습은 합니까?

하 이 마이니찌 후꾸슈- 시 마 스
はい、 毎日 復習します。

네, 매일 복습합니다.

벵 쿄- 노 아또 데 나니오 시 마 스 까
勉強の 後で 何を しますか。

공부를 한 후 무엇을 합니까?

옹 가꾸오 기 끼 마 스 소 레 까 라 네 마 스
音楽を 聞きます。 それから 寝ます。

음악을 듣습니다. 그리고 잡니다.

◘ 한자 읽기 ◘

日本語(にほんご)   忙(いそが)しい
習(なら)う   夜(よる)
朝(あさ)   行(い)く
何(なに)   学院(がくいん)
新聞(しんぶん)   難(むずか)しい
読(よ)む   易(やさ)しい
見(み)る   復習(ふくしゅう)
食(た)べる   毎日(まいにち)
駅(えき)   勉強(べんきょう)
前(まえ)   後(あと)
昼(ひる)   音楽(おんがく)
会社(かいしゃ)   聞(き)く
仕事(しごと)   寝(ね)る

◘ 어구 해석 ◘

～を … ～을(를)   行(い)きます … 갑니다
習(なら)います … 배웁니다   ～で … ～에서
朝(あさ) … 아침   どうですか … 어떻습니까
何(なに)を … 무엇을   難(むずか)しい … 어렵다
します … 합니다   易(やさ)しい … 쉽다
読(よ)みます … 읽습니다   復習(ふくしゅう) … 복습

テレビ … 텔레비전
見 (み)ます … 봅니다
朝(あさ)ごはん … 아침밥
食(た)べます … 먹습니다
忙(いそが)しい … 바쁘다
夜(よる) … 밤
学院(がくいん) … 학원
〜へ … 〜에

毎日(まいにち) … 매일
勉強(べんきょう) … 공부
後(あと)で … 나중에
音楽(おんがく) … 음악
聞(き)きます … 듣습니다
それから … 그리고
寝(ね)ます … 잡니다

◎ 문형 연습

1 あなたは 毎日 なにを しますか。

당신은 매일 무엇을 합니까?

日本語の 勉強を します。

일본어 공부를 합니다.

2 あなたは 朝 新聞も 読みますか。

당신은 아침 신문도 봅니까?

はい、 テレビの ニュースも 新聞も 読みます。

네, 텔레비전의 뉴스도 신문도 봅니다.

③ あなたは 会社で なにを しますか。

당신은 회사에서 무엇을 합니까?

いっしょうけんめい 仕事を します。

열심히 일을 합니다.

④ あなたは あした 会社へ 行きますか。

당신은 내일 회사에 갑니까?

はい、 行きます。

네, 갑니다.

それから 家へ 帰ります。

그리고 집에 돌아옵니다.

◘ 어법 해설

❏ 동사

동사는 단독으로 술어가 되고, 사물의 동작·작용·상태·존재 등을 나타내며 어미가 활용을 한다.

(1) 일본어 동사의 형태

일본어 동사는 9가지가 있으며, 모두 「う단」으로 끝난다.

あ 단 …	あ	か	が	さ	た	な	ば	ま	ら
い 단 …	い	き	ぎ	し	ち	に	び	み	り
う 단 …	う	く	ぐ	す	つ	ぬ	ぶ	む	る
え 단 …	え	け	げ	せ	て	ね	べ	め	れ
お 단 …	お	こ	ご	そ	と	の	ぼ	も	ろ

즉 「う단」인 「う・く・ぐ・す・つ・ぬ・ぶ・む・る」로 끝난다.

예 言う(말하다), 行く(가다), 泳ぐ(헤엄치다)
話す(이야기하다), 待つ(기다리다), 死ぬ(죽다)
呼ぶ(부르다), 飲む(마시다), 食べる(먹다)

(2) 동사의 종류

일본어 동사는 활용하는 형태에 따라 다음과 같이 다섯 가지로 구분한다.

① 5단활용동사(五段活用動詞)

「5단동사」라고도 하며 기본형의 어미가 「る」가 아닌 것, 즉 「う・く・す・つ・ぬ・む・ぐ・ぶ」로 끝나는 것은 모두 5단 활용동사이다.

예 歩く(걷다), 急ぐ(서두르다), 持つ(들다)
使う(사용하다), 読む(읽다), 運ぶ(운반하다)

☞ 또한 기본형의 어미가 「る」일지라도 「る」바로 앞에 음절이 「い단(い・き・し・ち・ひ …)」와 「え단(え・け・せ・て

…)」이 아닌 것은 5단활용동사이다.

   예 乗^のる(타다),   ある(있다) 등

② 상1단활용동사(上一段活用動詞)
「상1단동사」라고도 하며, 어미가 반드시 「る」로 끝나고, 어미 「る」 앞의 음절이 「い단(い·き·し·ち·ひ·み…)」에 속한 것을 말한다.

   예 起^おきる(일어나다),   いる(있다) 등

③ 하1단활용동사(下一段活用動詞)
「하1단동사」라고도 하며, 어미가 반드시 「る」로 끝나고, 어미 「る」 앞의 음절이 「え단(え·け·せ·て·へ…)」에 속한 것을 말한다.

   예 食^たべる(먹다),   集^{あつ}める(모으다) 등

④ カ변격활용동사(カ変格活用動詞)
「か변격동사」는 정격활용을 하지 않고 변칙적으로 활용하는 것을 말하는데 「くる(오다)」 하나뿐이다.

⑤ サ변격활용동사(サ変格活用動詞)
「さ변격동사」도 か변격동사와 마찬가지로 변칙적으로 활용하는 것을 말한다. 「する(하다)」뿐이다.

❏ 「ます」形
조동사 「ます」는 동사에 연결되어 공손한 뜻을 나타낸다. 우리말 「~ㅂ니다, ~겠습니다」의 뜻이다.
「ます」는 동사의 종류에 따라 어미가 변하는 형태가 다르며, 「ます」에 연결되는 동사의 꼴을 문법 용어에는 없지만 편의상

「ます형」이라고 하겠다.

① 5단동사

5단동사의 경우는 어미「く・ぐ・つ・る・う・む・ぶ・ぬ・す」가「い단(き・ぎ・ち・り・い・み・び・に・し)」로 변하여「ます」가 연결된다.

> 예 行く(가다) → 行きます(갑니다)
> 泳ぐ(헤엄치다) → 泳ぎます(헤엄칩니다)
> 待つ(기다리다) → 待ちます(기다립니다)
> ある(있다) → あります(있습니다)
> 言う(말하다) → 言います(말합니다)
> 飲む(마시다) → 飲みます(마십니다)
> 呼ぶ(부르다) → 呼びます(부릅니다)
> 死ぬ(죽다) → 死にます(죽습니다)
> 話す(이야기하다) → 話します(이야기합니다)

② 상1단동사

상1단동사의 경우는 어미「る」를 빼고「ます」를 접속하면 된다.

> 예 起きる(일어나다) → 起きます(일어납니다)
> 見る(보다) → 見ます(봅니다)

③ 하1단동사

하1단동사의 경우도 상1단동사의 경우와 마찬가지로 어미「る」를 빼고「ます」를 접속하면 된다.

> 예 食べる(먹다) → 食べます(먹습니다)
> 集める(모으다) → 集めます(모읍니다)

④ カ변동사

　　예 来る(오다) → 来ます(옵니다)

⑤ サ변동사

　　예 する(하다) → します(합니다)

☐ 조사「を」의 용법

「を」는 동작・작용의 대상이 되는 사물이나 장소・시간 등을 직접 가리키는 조사로 우리말의「을(를)」에 해당한다. 또한「を」는「お」와 발음이 같으나 조사로밖에 쓰이지 않는 문자이다.

예 わたしは 本を 読みます。

　　나는 책을 읽습니다.

　　計画を 立てます。

　　계획을 세웁니다.

　　毎朝 公園を さんぽします。

　　매일 아침 공원을 산책합니다.

☐ 조사「で」의 용법

「で」는 여러가지 용법으로 쓰이나, 여기에서 동작이 행해지는 장소를 나타내는 뜻으로 우리말의「～에서」에 해당하는 조사이다.

예 運動場で あそびます。

　　운동장에서 놉니다.

　　工場で 物を 作ります。

　　공장에서 물건을 만듭니다.

☞ 단정을 나타내는 조동사「だ」의 연용형인「で」와 장소를 나타내는「で」를 구별해야 한다.

예 ここで あそびます。 (조사)
여기서 놉니다.
これは わたしので、 それは あなたのです。 (조동사)
이것은 내 것이고, 저것은 당신 것입니다.

☐ 조사 「ヘ」의 용법

「ヘ」는 조사로 쓰일 경우 「헤」로 발음하지 않고 「에」로 발음하며, 동작의 방향이나 향한 장소·상대를 나타낼 때 쓰이는 조사로 우리말의 「~에, ~으로, ~에게」의 뜻에 해당한다.

예 どこヘ 行きますか。
어디에 갑니까?
ともだちヘ 手紙を 書きます。
친구에게 편지를 씁니다.

◎ 연습 문제

① 다음 동사의 기본형을 「ます형」으로 바꾸시오.
① 学校ヘ 行く。 (가다)
② 仕事を する。 (하다)
③ ごはんを 食べる。 (먹다)
④ 人を 待つ。 (기다리다)

② 다음 □안에 적당한 조사를 넣으시오.

　① テレビ□ 見^みます。

　② どこ□ 行^いきますか。

　③ 会社^{かいしゃ}□ なにを しますか。

③ 다음 우리말을 일본어로 바꾸시오.

　① 당신도 라디오를 듣습니까? (ラジオ／聞^きく)

　② 당신은 빵을 먹습니까? (パン)

　③ 연필로 무엇을 합니까?

　④ 선생님은 내일 서울에 갑니까? (ソウル)

◈ 연습 해답 ◈

① ① 行きます　② します
　③ 食べます　④ 待ちます

② ① を　　② へ　　③ で

③ ① あなたも ラジオを 聞きますか。
　② あなたは パンを 食べますか。
　③ えんぴつで なにを しますか。
　④ 先生は あした ソウルへ 行きますか。

◎ 필수 회화

▣ 외출할(돌아올) 때

- [ ] いって きます。
  갔다 오겠습니다.

- [ ] いって まいります。
  다녀 오겠습니다.

- [ ] いって いらっしゃい。
  다녀 오십시오.

- [ ] いってらっしゃい。
  다녀 오세요.

- [ ] だだいま。
  다녀 왔습니다.

- [ ] おかえりなさい。
  어서 돌아오세요.

- [ ] おかえり。
  어서 돌아오너라.

제 8 과

財布を 落しました
(지갑을 잃었습니다)

未

>> 13일째

□□월 □□일

8 財布を 落としました

■ 학습 목표 ■

> ① 동사 연용형에 접속하는 「～ます」의 용법
>
> ～ます(기본형)
>
> ～ません(부정형)
>
> ～ました(과거형)
>
> ～ませんでした(과거부정형)
>
> ② 「どこへ・どこかへ」와 「どこにも・どこへも」
>
> ③ 「おくりがな」

三浦　　　　すみません。

실례합니다.

お巡りさん　はい、 なんですか。

네, 무슨 일이십니까?

三浦　　　　あのう、 財布を 落としました。

저, 지갑을 잃어버렸습니다.

お巡りさん　えっ、 財布ですか。

엣, 지갑이요?

どこで 落としましたか。

어디에서 잃어버렸습니까?

三浦　　　よく わかりません。

잘 모르겠습니다.

お巡りさん　きのう、 どこへ 行きましたか。

어제, 어디에 갔습니까?

三浦　　　ええと、 朝 郵便局へ 行きました。

에ー, 아침에 우체국에 갔습니다.

お巡りさん　その 時 財布は ありましたか。

그 때 지갑은 있었습니까?

三浦　　　はい、 切手を 買いました。

네, 우표를 샀습니다.

お巡りさん　それから、 どこかへ 行きましたか。

그리고, 어딘가 갔습니까?

三浦 ええ、 小田急デパートへ 行きました。

네, 오다뀨 백화점에 갔습니다.

お巡りさん 何か 買いましたか。

무얼 샀습니까?

三浦 いいえ、 何も 買いませんでした。

아니오, 아무 것도 사지 않았습니다.

お巡りさん それから、 どこかへ 行きましたか。

그리고, 어디 갔습니까?

三浦 いいえ、 どこへも 行きませんでした。

아니오, 어디에도 가지 않았습니다.

すぐ 家へ 帰りました。

즉시 집에 돌아왔습니다.

お巡りさん 部屋の 中を 探しましたか。

방 안을 찾아 보았습니까?

三浦 ええ、でも どこへも ありませんでした。

네, 하지만 어디에도 없었습니다.

🔅 한자 읽기 🔅

財布(さいふ)　　　　　　買(か)う
落(お)とす　　　　　　　小田急(おだきゅう)
行(い)く　　　　　　　　家(うち)
朝(あさ)　　　　　　　　帰(かえ)る
郵便局(ゆうびんきょく)　部屋(へや)
時(とき)　　　　　　　　中(なか)
切手(きって)　　　　　　探(さが)す

🔅 어구 해석 🔅

財布(さいふ) … 지갑
落(おと)しました … 잃어버렸습니다
すみません … 실례합니다
お巡(まわ)りさん … 순경
あのう … 저
えっ … 엣
わかりません … 모르겠습니다
きのう … 어제
行(い)きました … 갔습니다
ええと … 글쎄
郵便局(ゆうびんきょく) … 우체국

時(とき) … 때
切手(きって) … 우표
買(か)いました … 샀습니다
デパート … 백화점
何(なに)か … 뭔가
買(か)いませんでした … 사지 않았습니다
帰(かえ)りました … 돌아왔습니다
探(さが)しました … 찾았습니다
どこにも … 어디에도

◙ 문형 연습

1 あなたは いつ 日本へ 来ましたか。

당신은 언제 일본에 왔습니까?

先週の 火曜日に 来ました。

지난 주 화요일에 왔습니다.

いつ 国へ 帰りますか。

언제 고국에 갑니까?

あした 帰ります。

내일 갑니다.

2 あなたは きのう なにを しましたか。

당신은 어제 무엇을 했습니까?

日本語の 勉強を しました。

일본어 공부를 했습니다.

3 あなたは きのう どこかへ 行きましたか。

당신은 어제 어딘가 갔습니까?

はい、 公園へ 行きました。

네, 공원에 갔습니다.

いいえ、 どこへも 行きませんでした。

아니오, 어디에도 가지 않았습니다.

4 部屋の 中に なにが ありましたか。

방 안에 무엇이 있었습니까?

はい、 テレビや ラジオ などが ありました。

네, 텔레비전이랑 라디오 등이 있었습니다.

いいえ、 なにも ありませんでした。

아니오, 아무 것도 없었습니다.

◎ 어법 해설

❏ 조동사 「ます」의 용법

동사의 연용형에 접속하여 공손한 느낌을 주는 「ます」는 조동사
의 일종으로 활용을 한다. 즉 기본형은 「ます ～ㅂ니다」이며, 과
거형은 「ました (～았(었)습니다」이고, 부정형은 「～ません ～
않습니다」이다. 「～ません」의 과거는 「～ませんでした ～지 않
았습니다」이다.

～ます	～ㅂ니다 (기본형)
～ました	～았(었)습니다 (과거형)
～ません	～않습니다 (부정형)
～ませんでした	～지 않았습니다 (부정과거형)

예 ① 行く　　　　　　　　　가다
行きます　　　　　　　갑니다
行きました　　　　　　갔습니다
行きません　　　　　　가지 않습니다
行きませんでした　　　가지 않았습니다

② 見る　　　　　　　　　보다
見ます　　　　　　　　봅니다
見ました　　　　　　　보았습니다
見ません　　　　　　　보지 않습니다
見ませんでした　　　　보지 않았습니다

③ する　　　　　　　　　하다
します　　　　　　　　합니다
しました　　　　　　　했습니다
しません　　　　　　　하지 않습니다
しませんでした　　　　하지 않았습니다

④ くる　　　　　　　　　오다
きます　　　　　　　　옵니다
きました　　　　　　　왔습니다
きません　　　　　　　오지 않습니다
きませんでした　　　　오지 않았습니다

☞ 변격동사 「くる」와 「する」는 위의 예처럼 어미뿐만 아니라

뒤에 접속되는 말에 따라 어간도 변하므로 암기하는 수 밖에 없다.

☐ すみません

「すみません」은 상대방에게 실례를 했을 경우에 사죄·사과의 뜻으로 쓰이는 인사말이다. 우리말의「미안합니다, 죄송합니다」에 해당하며, 또한 뭔가를 물어볼 때나, 부탁을 할 때나, 사람을 부를 때 등 일상적으로 빈번히 쓰이는 인사말이다.

예 どうも **すみません**。
대단히 죄송합니다.

すみません、お茶を いっぱい ください。
여보세요, 차를 한 잔 주세요.

すみませんが、ちょっと まって ください。
미안합니다만, 잠깐 기다려 주세요.

☐ なんですか

직역하면「무엇입니까」이지만, 상대방이 뭔가를 물어왔을 때는「무슨 일입니까」로도 쓰인다. 즉「なんの ごようですか」의 축약된 형태이다.

☐ どこへ・どこかへ

「どこへ」는 방향을 나타내는 지시대명사「どこ」에 조사「へ(e)」가 접속된 형태로「어디에」라는 뜻이다. 따라서「どこへ」는 어딘가에 간 것을 알고 있음을 전제로 물은 것이다.

그러나「どこかへ」는 불확실함을 나타내는 조사「か」가 접속되어「어딘가에」의 뜻으로, 막연하게 아무 것도 모르는 것을 전제로 물을 때 쓰인다.

☐ どこにも・どこへも

「どこにも」는「どこ」에 존재를 나타내는 조사「に」에, 의문을 나타내는 말이나 또는「하나」의 뜻을 갖는 말 뒤에 부정어를 수

반하여 전혀 없다는 뜻을 나타낼 때 쓰이는 조사「も」와 결합된 상태로「어디에도」라는 뜻이다. 따라서「に」가 접속될 경우에는 장소를 말한다.

그러나「どこへも」는 방향을 나타내는 조사「へ」가 접속되어「어디에도」라는 뜻으로 해석되며, 이것은 방향을 가리킬 때 쓰인다.

❏ おくりがな(送り仮名)

일본어의 한자를 공부하면서 또하나의 어려움은「おくりがな」이다. 예를 들면「小さい, 赤い, 見る, 食べる」등처럼 한자와 가나(일본어)를 섞어서 써야 된다는 점이다. 한자와 가나를 섞어 쓸 때는 어느 부분까지 한자로 써야하고, 또 어느 부분부터는 가나로 써야된다는 것이 정해져 있다. 이 가나로 쓰는 부분을「おくりがな」라고 하는데, 이「おくりがな」가 있는 것은 표기할 때 정해진 바에 따라 유의해야 한다.

한자와 가나를 섞어서 쓰는 이유는 그 뜻을 명확히 하고자 하는 점도 있고 글자 수를 줄이기 위한 점도 있다.

「おくりがな」란, 다시 말하면 단어를 한자와 가나로 쓸 때에 한자의 읽는 방법을 확정짓기 위해서 한자 밑에 붙이는 가나를 말한다. 예를 들면「小さい」에서「さい」가「おくりがな」이다.

◎ 연습 문제

① 다음 ( )의 말을 과거형으로 바꾸시오.
  ① わたしは きのう 会社へ (行きます。)
  ② ごはんを (食べます。)

③ わたしは ゆうべ おさけを (飲みます。)
④ きのう 映画を (見ます。)

② 다음 ( )의 말을 부정형으로 바꾸시오.

① わたしは パンを (食べます。)
② わたしは おさけを (飲みます。)
③ 日本語の 勉強を (します。)
④ わたしは 映画を (見ます。)

③ 다음 물음에 부정으로 답하시오.

① あなたは 会社へ 行きますか。
② あなたは 毎朝 公園へ 行きますか。
③ あなたは 日本語の 勉強を しますか。
④ あなたは きのう 学校へ 行きましたか。

◙ 연습 해답 ◙

① ① 行きました ② 食べました
③ 飲みました ④ 見ました

② ① 食べません ② 飲みません
③ しません ④ 見ません

③ ① いいえ、行きません。
② いいえ、行きません。
③ いいえ、しません。
④ いいえ、行きませんでした。

◈ 필수 회화

▫ 고마울 때

□ ありがとう ございます。
감사합니다.

□ どうも ありがとう ございます。
대단히 감사합니다.

□ ありがとう ございました。
감사합니다(수고하셨습니다).

□ どうも ありがとう ございました。
대단히 감사합니다(수고 많이 하셨습니다).

□ ご<ruby>親切<rt>しんせつ</rt></ruby>に、 どうも ありがとう ございました。
친절에 정말 감사드립니다.

□ けっこうな ものを ありがとう ございました。
훌륭한 물건을 주셔서 감사합니다.

□ いいえ、 どういたしまして。
아니에요, 천만의 말씀입니다.

机が いくつ ありますか

(책상이 몇 개 있습니까)

☐☐월 ☐☐일

9 | 机が いくつ ありますか

■ 학습 목표 ■

1. 숫자 읽는 법
2. 조수사 「本(자루)」
3. ~しか ない(ありません)

<ruby>教室<rt>교-시쯔</rt></ruby>が たくさん ありますね。 あなたの <ruby>教室<rt>교-시쯔</rt></ruby>は
どこですか。

교실이 많이 있군요. 당신 교실은 어디입니까?

ここが わたしの <ruby>教室<rt>교-시쯔</rt></ruby>です。

이곳이 제 교실입니다.

<ruby>机<rt>쯔꾸에</rt></ruby>は いくつ ありますか。

책상은 몇 개 있습니까?

一、 二、 三、 四、 五、 六、 七 、 八、

九、 十、 十一、 十二、 十三、 十四、 十五、

<ruby>十六<rt>쥬-로꾸</rt></ruby>、 <ruby>十七<rt>쥬-나나</rt></ruby>、 <ruby>十八<rt>쥬-하찌</rt></ruby>、 <ruby>十九<rt>쥬-큐-</rt></ruby>、 <ruby>二十<rt>니쥬-</rt></ruby>、 <ruby>二十一<rt>니쥬-이찌</rt></ruby>、

<ruby>机<rt>쯔꾸에</rt></ruby> は <ruby>二十一<rt>니쥬-이찌</rt></ruby> <ruby>あります<rt>아 리 마 스</rt></ruby>。

일, 이, 삼, 사, 오, 육, 칠, 팔, 구, 십, 십일, 십이, 십삼, 십사, 십오, 십육, 십칠, 십팔, 십구, 이십, 이십일, 책상은 이십일 있습니다.

<ruby>チョーク<rt>쵸 꾸</rt></ruby>は <ruby>どこに<rt>도꼬니</rt></ruby> <ruby>ありますか<rt>아 리 마 스 까</rt></ruby>。

분필은 어디에 있습니까?

<ruby>チョーク<rt>쵸 꾸</rt></ruby>は <ruby>先生の<rt>센세-노</rt></ruby> <ruby>机の<rt>쯔꾸에노</rt></ruby> <ruby>上に<rt>우에니</rt></ruby> <ruby>あります<rt>아 리 마 스</rt></ruby>。

분필은 선생님 책상 위에 있습니다.

<ruby>チョーク<rt>쵸 꾸</rt></ruby>は <ruby>何本<rt>난봉</rt></ruby> <ruby>あります<rt>아 리 마 스</rt></ruby>か。

분필은 몇 개 있습니까?

<ruby>一本<rt>입뽕</rt></ruby>、 <ruby>二本<rt>니 홍</rt></ruby>、 <ruby>三本<rt>삼 봉</rt></ruby>、 <ruby>四本<rt>욘 홍</rt></ruby>、 <ruby>五本<rt>고 홍</rt></ruby>、 <ruby>六本<rt>롭뽕</rt></ruby>、 <ruby>七本<rt>나나 홍</rt></ruby>、

<ruby>八本<rt>합 뽕</rt></ruby>、 <ruby>九本<rt>큐-홍</rt></ruby>、 <ruby>十本<rt>집뽕</rt></ruby>、 <ruby>十一本<rt>쥬-입뽕</rt></ruby>、 <ruby>十一本<rt>쥬-입뽕</rt></ruby> <ruby>あります<rt>아 리 마 스</rt></ruby>。

한 개, 두 개, 세 개, 네 개, 다섯 개, 여섯 개, 일곱 개, 여덟 개, 아홉 개, 열 개, 열한 개, 열한 개 있습니다.

<ruby>たくさん<rt>닥 상</rt></ruby> <ruby>あります<rt>아 리 마 스</rt></ruby>ね。 <ruby>みんな<rt>민 나</rt></ruby> <ruby>白い<rt>시로이</rt></ruby> <ruby>チョーク<rt>쵸 꾸</rt></ruby>です<ruby>か<rt>까</rt></ruby>。

많이 있군요. 전부 흰 분필입니까?

<ruby>い<rt>이</rt></ruby><ruby>い<rt>ー</rt></ruby><ruby>え<rt>에</rt></ruby>、 <ruby>白<rt>시로</rt></ruby><ruby>い<rt>이</rt></ruby> <ruby>チョ<rt>쵸</rt></ruby><ruby>ーク<rt>꾸모</rt></ruby>も、 <ruby>赤<rt>아까</rt></ruby><ruby>い<rt>이</rt></ruby> <ruby>チョ<rt>쵸</rt></ruby><ruby>ーク<rt>꾸모</rt></ruby>も

<ruby>あ<rt>아</rt></ruby><ruby>り<rt>리</rt></ruby><ruby>ま<rt>마</rt></ruby><ruby>す<rt>스</rt></ruby>。

아니오, 흰 분필도, 빨간 분필도 있습니다.

<ruby>白<rt>시로</rt></ruby><ruby>い<rt>이</rt></ruby> <ruby>チョ<rt>쵸</rt></ruby><ruby>ーク<rt>꾸</rt></ruby>は <ruby>何<rt>남</rt></ruby><ruby>本<rt>봉</rt></ruby> <ruby>あ<rt>아</rt></ruby><ruby>り<rt>리</rt></ruby><ruby>ま<rt>마</rt></ruby><ruby>す<rt>스</rt></ruby><ruby>か<rt>까</rt></ruby>。

흰 분필은 몇 개 있습니까?

<ruby>七<rt>나나</rt></ruby><ruby>本<rt>홍</rt></ruby> <ruby>あ<rt>아</rt></ruby><ruby>り<rt>리</rt></ruby><ruby>ま<rt>마</rt></ruby><ruby>す<rt>스</rt></ruby>。

일곱 개 있습니다.

<ruby>赤<rt>아까</rt></ruby><ruby>い<rt>이</rt></ruby> <ruby>チョ<rt>쵸</rt></ruby><ruby>ーク<rt>꾸모</rt></ruby>も <ruby>た<rt>닥</rt></ruby><ruby>くさん<rt>상</rt></ruby> <ruby>あ<rt>아</rt></ruby><ruby>り<rt>리</rt></ruby><ruby>ま<rt>마</rt></ruby><ruby>す<rt>스</rt></ruby><ruby>か<rt>까</rt></ruby>。

빨간 분필도 많이 있습니까?

<ruby>い<rt>이</rt></ruby><ruby>い<rt>ー</rt></ruby><ruby>え<rt>에</rt></ruby>、 <ruby>赤<rt>아까</rt></ruby><ruby>い<rt>이</rt></ruby> <ruby>チョ<rt>쵸</rt></ruby><ruby>ーク<rt>꾸</rt></ruby>は <ruby>一<rt>입뽕</rt></ruby><ruby>本<rt>시</rt></ruby><ruby>しか<rt>까</rt></ruby> <ruby>あ<rt>아</rt></ruby><ruby>り<rt>리</rt></ruby><ruby>ま<rt>마</rt></ruby><ruby>せん<rt>셍</rt></ruby>。

아니오, 빨간 분필은 한 개밖에 없습니다.

◈ 한자 읽기 ◈

机(つくえ)	上(うえ)
教室(きょうしつ)	赤(あか)い
先生(せんせい)	何本(なんぼん)

◈ 어구 해석 ◈

いくつ … 몇 개	たくさん … 많이
教室(きょうしつ) … 교실	みんな … 전부, 모두
チョーク … 분필	～しか … ～밖에
何本(なんぼん) … 몇 개	

◈ 문형 연습

1 ここに みかんが いくつ ありますか。

여기에 귤이 몇 개 있습니까?

二十三個 あります。

23개 있습니다.

2 ボールペンは 何本 ありますか。

볼펜은 몇 자루 있습니까?

<ruby>十一本<rt>쥬-입뽕</rt></ruby> <ruby>あります<rt>아리마스</rt></ruby>。

11자루 있습니다.

3 <ruby>小さい<rt>찌이사이</rt></ruby> <ruby>みかん<rt>미깡</rt></ruby> <ruby>は<rt>와</rt></ruby> <ruby>いくつ<rt>이꾸쯔</rt></ruby> <ruby>ありますか<rt>아리마스까</rt></ruby>。

작은 귤은 몇 개 있습니까?

<ruby>三個しか<rt>산꼬시까</rt></ruby> <ruby>ありません<rt>아리마셍</rt></ruby>。

3개밖에 없습니다.

4 <ruby>大きい<rt>오-끼이</rt></ruby> <ruby>みかん<rt>미깡</rt></ruby> <ruby>も<rt>모</rt></ruby> <ruby>たくさん<rt>닥상</rt></ruby> <ruby>ありますか<rt>아리마스까</rt></ruby>。

큰 귤도 많이 있습니까?

<ruby>いいえ<rt>이-에</rt></ruby>、 <ruby>大きい<rt>오-끼-</rt></ruby> <ruby>みかん<rt>미깡</rt></ruby> <ruby>も<rt>모</rt></ruby> <ruby>すこししか<rt>스꼬시시까</rt></ruby> <ruby>ありません<rt>아리마셍</rt></ruby>。

아니오, 큰 귤도 조금밖에 없습니다.

5 <ruby>あそこに<rt>아소꼬니</rt></ruby> <ruby>なにか<rt>나니까</rt></ruby> <ruby>ありますか<rt>아리마스까</rt></ruby>。

저기에 뭔가 있습니까?

<ruby>はい<rt>하이</rt></ruby>、 <ruby>あります<rt>아리마스</rt></ruby>。

네, 있습니다.

<ruby>いいえ<rt>이-에</rt></ruby>、 <ruby>なにも<rt>나니모</rt></ruby> <ruby>ありません<rt>아리마셍</rt></ruby>。

아니오, 아무 것도 없습니다.

◎ 어법 해설

❏ 조수사 (本)

「本」은 우리말의 조수사 「자루, 개피, 병」에 해당하는 말로 가늘고 긴 것(연필, 붓, 숟가락, 나무, 담배, 병 등)을 셀 때 쓰인다. 주의할 점은 앞 음절의 영향을 받아 「ほん」, 「ぼん」, 「ぽん」으로 읽으므로 유의해서 암기해야 한다.

いっ ぽん	に ほん	さん ぼん	よん ほん	ご ほん	ろっ ぽん
一 本	二 本	三 本	四 本	五 本	六 本

なな ほん	はっ ぽん	きゅうほん	じっ ぽん	なん ぼん	
七 本	八 本	九 本	十 本	何 本	

❏ たくさん

「たくさん」은 묵음화 현상으로, 발음할 때 「닥상」으로 한다. 우리말의 「많이, 많은」에 해당하는 부사어로 ① 뒤에 동사가 올 때는 「많이 ~하다」라는 뜻이 되고, ②「たくさん＋の＋명사」의 형태를 취할 때는 「많은 ~」의 뜻이 된다.

예 ① りんごが **たくさん** あります。

　　사과가 많이 있습니다.

　　ここに すいかが **たくさん** ありますね。

　　여기에 수박이 많이 있군요.

　② **たくさん**の りんごが あります。

　　많은 사과가 있습니다.

　　たくさんの すいかが ありますね。

　　많은 수박이 있군요.

❑ 숫자

1	一(いち)	90	九十(きゅうじゅう)
2	二(に)	100	百(ひゃく)
3	三(さん)	200	二百(にひゃく)
4	四(し, よん)	300	三百(さんびゃく)
5	五(ご)	400	四百(よんひゃく)
6	六(ろく)	500	五百(ごひゃく)
7	七(しち, なな)	600	六百(ろっぴゃく)
8	八(はち)	700	七百(ななひゃく)
9	九(く, きゅう)	800	八百(はっぴゃく)
10	十(じゅう)	900	九百(きゅうひゃく)
11	十一(じゅういち)	1000	千(せん)
12	十二(じゅうに)	2000	二千(にせん)
13	十三(じゅうさん)	3000	三千(さんぜん)
14	十四(じゅうよん)	4000	四千(よんせん)
15	十五(じゅうご)	5000	五千(ごせん)
16	十六(じゅうろく)	6000	六千(ろくせん)
17	十七(じゅうしち)	7000	七千(ななせん)
18	十八(じゅうはち)	8000	八千(はっせん)
19	十九(じゅうきゅう)	9000	九千(きゅうせん)
20	二十(にじゅう)	10000	一万(いちまん)
30	三十(さんじゅう)	100000	十万(じゅうまん)
40	四十(よんじゅう)	1000000	百万(ひゃくまん)
50	五十(ごじゅう)	10000000	千万(せんまん)
60	六十(ろくじゅう)	100000000	一億(いちおく)
70	七十(しちじゅう)	0.6	れいてんろく
80	八十(はちじゅう)	0.85	れいてんはちご

❏ 체언＋しか ～ありません

「しか」는 한정의 뜻을 나타내는 조사로 우리말의 「～밖에」에 해당한다. 「～しか ～ありません」의 형태로 반드시 뒤에 부정어를 수반한다.

예 りんごは これしか ありません。
사과는 이것밖에 없습니다.

本は 一冊しか ありません。
책은 한 권밖에 없습니다.

ここには 車しか ない。
여기에는 차밖에 없다.

◑ 연습 문제

1 다음 □ 안에 적당한 말을 넣으시오.
① りんごは □□□ ありますか。(몇 개)
② みかんは □□□□ ありますね。(많이)
③ えんぴつは □□ ありますか。(몇 자루)
④ 一本□□ ありません。(밖에)

2 다음 우리말을 일본어로 바꾸시오.
① 이 방에는 시계가 몇 개 있습니까? (時計)
② 연필은 몇 자루 있습니까? (えんぴつ)
③ 한 자루밖에 없습니다.
④ 거기에는 사과도 많이 있습니다. (りんご)
⑤ 저 상자 속에는 뭔가 있습니까? (はこ)
⑥ 여기에는 많은 귤이 있습니다.

◈ 연습 해답 ◈

1 ① いくつ　　② たくさん
　　③ 何本　　④ しか

2 ① この 部屋には 時計が いくつ ありますか。
　　② えんぴつは なんぼん ありますか。
　　③ 一本しか ありません。
　　④ そこには りんごも たくさん あります。
　　⑤ あの はこの なかには なにか ありますか。
　　⑥ ここには たくさんの みかんが あります。

買い物
(쇼핑)

>> 15일째

□□월 □□일

10 買い物

■ 학습 목표 ■

1 ～だけ

  ～だけでは ありません

2 ～（を） ください

3 동작성 명사＋に くる（いく）

ここは スポーツ用具屋です。 きょうは 金さんが

友だちの 田中さんと いっしょに 買い物に 来ました。

여기는 스포츠 용품점입니다. 오늘은 김씨가 친구인 다나

까 씨와 함께 쇼핑하러 왔습니다.

すみません。

실례합니다.

はい、 いらっしゃいませ。

네, 어서오십시오.

スポーツシャツは どこに ありますか。

스포츠 셔츠는 어디에 있습니까?

あの たなの 中です。

저 선반 안에 있습니다.

白い シャツだけですか。

하얀 셔츠뿐입니까?

いいえ、 白い シャツだけでは ありません。 青

いのも あります。

아니오, 하얀 셔츠만이 아닙니다. 파란 것도 있습니다.

いくらですか。

얼마입니까?

青いのは 千五百円で、 白いのは 千四百円です。

파란 것은 천오백 엔이고, 하얀 것은 천사백 엔입니다.

もっと 安いのは ありませんか。

좀더 싼 것은 없습니까?

それでは、 これは どうですか。 一枚 千二百六十

円です。

그럼, 이것은 어떻습니까? 한 장에 천이백육십 엔입니다.

では、 青いのを 一枚と 白いのを 二枚 ください。

그럼, 파란 것 한 장과 하얀 것을 두 장 주십시오.

全部で いくらですか。

전부해서 얼마입니까?

全部で 三千七百円です。

전부해서 삼천칠백 엔입니다.

田中さんは ここで なにか 買いますか。

다나까 씨는 여기서 무얼 사겠습니까?

いいえ、 わたしは なにも 買いません。

아니오, 나는 아무것도 사지 않습니다.

はい、 おつりです。 ありがとう ございました。

여기, 거스름돈입니다. 감사합니다.

🔷 한자 읽기 🔷

買い物(かいもの)　　　　青(あお)い
用具屋(ようぐや)　　　　一枚(いちまい)
友達(ともだち)　　　　　全部(ぜんぶ)
田中(たなか)　　　　　　安(やす)い
来(く)る　　　　　　　　買(か)う
白(しろ)い

🔷 이구 해석 🔷

買物(かいもの) … 쇼핑　　　　～だけ … ～뿐
スポーツ … 스포츠　　　　　一枚(いちまい) … 한 장
用具屋(ようぐや) … 용구점　安(やす)い … 싸다
友達(ともだち) … 친구　　　それでは … 그럼
いっしょに … 함께　　　　全部(ぜんぶ)で … 모두해서
いらっしゃいませ…어서 오　いくら … 얼마
십시오　　　　　　　　　　なにも … 아무 것도
スポーツシャツ…스포츠 셔　おつり … 거스름돈
츠　　　　　　　　　　　　ありがとう ございました …
たな … 선반　　　　　　　감사합니다

◎ 문형 연습

1 니홍에 난노 벵쿄-니 이끼마스까
日本へ 何の 勉強に 行きますか。

일본에 무슨 공부를 하러 갑니까?

니홍고노 벵쿄-니 이끼마스
日本語の 勉強に 行きます。

일본어 공부하러 갑니다.

2 링 고와 고레다께데스까
りんごは これだけですか。

사과는 이것 뿐입니까?

이-에 소레다께데와 아리마셍 고꼬니모
いいえ、 それだけでは ありません。 ここにも

아리마스
あります。

아니오, 그것뿐만이 아닙니다. 여기에도 있습니다.

3 쩸부데 이꾸라데스까
全部で いくらですか。

전부 얼마입니까?

쩸부데 니셍고햐꾸엔데스
全部で 二千五百円です。

모두해서 이천오백 엔입니다.

4 たばこを ください。

담배를 주십시오.

はい、 わかりました。

네, 알겠습니다.

5 紙 一枚と ボールペンを 一本 ください。

종이 한 장과 볼펜 한 자루 주십시오.

はい、 紙 一枚と ボールペン 一本です。

네, 종이 한 장과 볼펜 한 자루입니다.

❖ 어법 해설

❏ 동격을 나타내는 「の」의 용법
조사 「の」는 여러가지 용법으로 쓰이나 여기에서 처럼 동격의 관계를 나타낼 때도 쓰인다. 이 때는 우리말의 「～인」으로 해석된다.

예 こちらは 院長の 金先生です。

이쪽은 원장인 김선생님입니다.

長男の 太郎です。

장남인 다로입니다.

❏ ~に いく, くる

조사 「に」는 앞에서 배운 존재하는 장소를 나타내는 용법 이외에 동작의 목적을 나타내는 용법도 있다. 주로 동작성 명사 뒤에 접속되어 「~하러」라는 뜻으로 뒤에 「くる(오다)」와 「いく(가다)」라는 동사가 온다.

예 あした 金さんと いっしょに テニスに **行く**。

　내일 김씨와 함께 테니스하러 간다.

　あした 金さんは 見学に **きます**。

　내일 김씨는 견학하러 옵니다.

　李さんは 日本へ 旅行に **いきます**。

　이씨는 일본에 여행하러 갑니다.

❏ 買い物

「買(か)う 사다」라는 동사의 「ます형」에 「物(もの) 것」가 접속된 형태이다. 「동사의 ます형＋物(もの)」의 꼴로 복합어를 만든다.

예 買う → 買い物 (물건 사기, 쇼핑)

　食べる → 食べ物 (먹을 것, 음식)

　飲む → 飲み物 (마실 것, 음료수)

　読む → 読み物 (읽을거리)

❏ いらっしゃいませ

「いらっしゃる」는 특수 5단동사로 「오시다, 가시다, 계시다」의 뜻을 나타내는 말이다. 「ませ」는 「ます」의 명령형이다. 특수 5단동사에 「ます」가 접속될 경우에는 5단동사는 어미 「る」가 「り」로 바뀌어야 하나 「い」로 바뀐다.

「いらっしゃい」라고 줄여서 말하기도 한다. 우리말의 「어서 오세요, 어서 오십시오」에 해당하는 말이다.

❏ 〜だけ
〜だけでは ありません
「だけ」는 사람이나 사물의 종류・성질・분량・정도 등의 한도를
나타내는 조사로 우리말의 「〜만, 〜뿐」에 해당한다.
「だけでは ありません」은 조사 「だけ」에 단정을 나타내는 「です」
의 부정형인 「〜では(じゃ) ありません」이 접속된 형태로「〜뿐
만이 아닙니다」의 뜻이다.

예 あなたにだけ 話します。
　　당신에게만 이야기 하겠습니다.
　　自然食品だけ 食べます。
　　자연식품만 먹습니다.
　　りんごは これだけでは ありません。
　　사과는 이것만이 아닙니다.

❏ 「いくら」와 「いくつ」의 차이
「いくら」는 가격・무게 등을 물을 때 쓰이고, 「いくつ」는 「몇 개」
와 같이 수 또는 나이를 물을 때 쓴다.

예 りんごは いくつ ありますか。
　　사과는 몇 개 있습니까?
　　この りんごは ふたつ いくらですか。
　　이 사과는 두 개 얼마입니까?

❏ 〜を ください
「〜을 주세요/주십시오」에 해당하는 일본어 표현으로, 무엇을
요구할 때 쓰인다. 주로 조사 「を」가 생략된 형태로 많이 쓰인다.

예 これを ください。
　　이것을 주세요.

たばこと マッチ**を** ください。
담배와 성냥을 주세요.
ビールと つまみ**を** ください。
맥주와 안주를 주세요.

❏ **全部で**

「で」는 여러가지 용법이 있으나 여기서는 사정·상태를 나타내는
용법으로 「전부해서, 전부 합해서」의 뜻이다.

예 みんな**で** あした 行^いきます。
모두 함께 내일 가겠습니다.
朝早^{あさはや}く ふたり**で** でかけました。
아침 일찍 둘이서 떠났습니다.

✪ 연습 문제

① 다음 □에 적당한 말을 넣으시오.
　① わたしは 公園^{こうえん}へ 散歩^{さんぽ}□ 行^いく。
　② ここまで 買物^{かいもの}□ きません。
　③ 全部で これ□□です。
　④ 青^{あお}いのと 赤^{あか}いの□ ください。
　⑤ りんごは これ□□では ありません。
　⑥ わたしは なに□ ありません。

2 다음 문장을 우리말로 바꾸시오.
  ① 어서오십시오.
  ② 친구와 함께 놀러 왔습니다(ともだち, あそぶ)
  ③ 노트 두 권 주세요.(二冊)
  ④ 얼마입니까? / 몇 개입니까?
  ⑤ 나는 지금 아무 것도 없습니다.(いま)
  ⑥ 책뿐만이 아닙니다. 테이프도 있습니다.(テープ)

◈ 연습 해답 ◈

1 ① に   ② に   ③ だけ
  ④ を   ⑤ だけ   ⑥ も

2 ① いらっしゃいませ。
  ② ともだちと いっしょに あそびに きました。
  ③ ノート 二冊 ください。
  ④ いくらですか。 / いくつですか。
  ⑤ わたしは いま なにも ありません。
  ⑥ 本だけでは ありません。 テープも あります。

✪ 필수 회화

▢ 미안할 때

□ すみません。
미안합니다.

□ すみませんでした。
미안하게 되었습니다.

□ どうも すみません。
대단히 미안합니다.

□ ごめんなさい。
용서하세요(미안해요).

□ もうしわけ ございません。
용서하십시오.

□ おそれいります。
죄송합니다.

□ 失礼しました。
실례했습니다.

木村さんの 家族
(기무라 씨의 가족)

□□월 □□일

11 木村さんの 家族

■ 학습 목표 ■

1 존재 표현 「ある」와 「いる」의 차이

2 친족 관계를 나타내는 말

3 조수사 「人(사람)」

木村さんの 机の 上に 家族の 写真が あります。

기무라 씨의 책상 위에는 가족 사진이 있습니다.

家族は 今 大阪に います。 お父さんは 貿易会社の

社長です。

가족은 지금 오사까에 있습니다. 아버지는 무역회사의 사

장입니다.

お兄さんは 会社員です。 妹 さんは 高校生で、

弟 さんは 中学生です。

형은 회사원입니다. 여동생은 고교생이고, 남동생은 중

학생입니다.

木村さんの ところへ 朴さんが 来ました。

기무라 씨 집에 박씨가 왔습니다.

これは あなたの 家族の 写真ですか。

이것은 당신의 가족 사진입니까?

はい、 そうです。 これが わたしの 父です。

네, 그렇습니다. 이 분이 나의 아버지입니다.

この かたは お母さんですか。

이 분은 어머니입니까?

はい、 わたしの 母です。

네, 나의 어머니입니다.

この 若い 人は だれですか。

이 젊은 사람은 누구입니까?

それは わたしの 兄です。

그 사람은 나의 형입니다.

この かたは あなたの お姉さんですか。

이 분은 당신의 누나입니까?

いいえ、 わたしの 姉では ありません。 兄嫁です。

아니오, 나의 누나가 아닙니다. 형수입니다.

あなたには お姉さんが いませんか。

당신에게는 누나가 없습니까?

はい、 わたしには 姉が いません。 けれども、

妹 は います。

네, 나에게는 누나가 없습니다. 하지만, 여동생은 있습니
다.

この 男の 子は だれですか。

이 남자 아이는 누구입니까?

それは、 わたしの 弟 です。

그 애는 내 남동생입니다.

あなたの 兄弟は みんなで 何人ですか。

당신 형제는 모두해서 몇 사람입니까?

わたしの 兄弟は 一人、 二人、 三人、 四人、

四人です。

내 형제는 한 사람, 두 사람, 세 사람, 네 사람, 네 사람입

니다.

<ruby>あ<rt>아</rt></ruby> なたの 家族は 今 どこに いますか。
아 나 따 노 가 조 꾸 와 이 마 도 꼬 니 이 마 스 까

당신 가족은 지금 어디에 있습니까?

家族は みんな 大阪に います。
가 조 꾸 와 민 나 오ー사 까 니 이 마 스

가족은 모두 오사까에 있습니다.

◈ 한자 읽기 ◈

木村(きむら)　　　　弟(おとうと)
家族(かぞく)　　　　中学生(ちゅうがくせい)
写真(しゃしん)　　　父(ちち)
大阪(おおさか)　　　母(はは)
会社(かいしゃ)　　　兄(あに)
社長(しゃちょう)　　姉(あね)
会社員(かいしゃいん)　兄嫁(あによめ)
妹(いもうと)　　　　兄弟(きょうだい)
高校生(こうこうせい)

◙ 어구 해석 ◙

家族(かぞく) … 가족
写真(しゃしん) … 사진
今(いま) … 지금
お父(とう)さん … 아버지
貿易会社 (ぼうえきがいしゃ) … 무역회사
お兄(にい)さん … 형님
会社員(かいしゃいん) … 회사원
妹(いもうと)さん … 여동생
高校生(こうこうせい) … 고교생
弟(おとうと)さん … 남동생
中学生(ちゅうがくせい) … 중학생
ところ … 곳

父(ちち) … 아버지
お母(かあ)さん … 어머니
母(はは) … 어머니
若(わか)い … 젊다
人(ひと) … 사람
兄(あに) … 형
お姉(ねえ)さん … 누나
兄嫁(あによめ) … 형수
男の子(おとこのこ) … 남자아이
兄弟(きょうだい) … 형제
みんなで … 모두
何人(なんにん) … 몇 사람
一人(ひとり) … 한사람
二人(ふたり) … 두사람
みんな … 모두

◙ 문형 연습

1 部屋の 中に 人が 何人 いますか。
헤 야 노 나까니 히또가 난 닝 이마스 까

방 안에 사람이 몇 사람 있습니까?

<ruby>二人<rt>후따리</rt></ruby> <ruby>いま<rt>이 마</rt></ruby>す。

두 사람 있습니다.

<ruby>一人<rt>히또리</rt></ruby>も <ruby>いませ<rt>이 마 생</rt></ruby>ん。

한 사람도 없습니다.

2 <ruby>あなた<rt>아 나 따</rt></ruby>は <ruby>いもうと<rt>이 모 ー 또</rt></ruby><ruby>さん<rt>상</rt></ruby>が <ruby>いますか<rt>이 마 스 까</rt></ruby>。

당신은 여동생이 있습니까?

<ruby>はい<rt>하 이</rt></ruby>、 <ruby>いもうと<rt>이 모 ー 또</rt></ruby>が <ruby>います<rt>이 마 스</rt></ruby>。

네, 여동생이 있습니다.

3 <ruby>何人<rt>난 닝</rt></ruby> <ruby>ご家族<rt>고 가조꾸데</rt></ruby>で<ruby>すか<rt>스 까</rt></ruby>。

몇 가족입니까?

<ruby>五人<rt>고 닝</rt></ruby> <ruby>家族<rt>가조꾸</rt></ruby>で<ruby>す<rt>데 스</rt></ruby>。

다섯 가족입니다.

4 <ruby>あなたの<rt>아 나 따노</rt></ruby> <ruby>いえには<rt>이 에 니와</rt></ruby> <ruby>犬<rt>이누</rt></ruby>が <ruby>ありますか<rt>아 리 마스 까</rt></ruby>。

당신 집에는 개가 있습니까?

<ruby>はい<rt>하 이</rt></ruby>、 <ruby>います<rt>이 마 스</rt></ruby>。

네, 있습니다.

5 <ruby>何人<rt>난 닝</rt></ruby> <ruby>ご兄弟ですか<rt>고쿄ー다이 데 스 까</rt></ruby>。

몇 형제입니까?

<ruby>三人<rt>산 닝</rt></ruby> <ruby>兄弟です<rt>쿄ー다이 데 스</rt></ruby>。

삼 형제입니다.

◎ 어법 해설

❑ 가족과 친족의 호칭

우리는 상대방의 가족이나 자신의 가족을 말할 때 무조건 높여서 말한다. 그러나 일본어에서는 자신의 가족을 상대방에게 말할 때는 낮추어서 말하고, 상대방의 가족을 말할 때는 접두어 「お・ご」 또는 접미어 「さん・さま」를 붙여 높여서 말한다.

예 わたしの <ruby>父<rt>ちち</rt></ruby>は <ruby>会社員<rt>かいしゃいん</rt></ruby>です。

우리 아버지는 회사원입니다.

あなたの <ruby>お父<rt>とう</rt></ruby>さんは 会社員ですか。

당신의 아버지는 회사원입니까?

あなたの <ruby>弟<rt>おとうと</rt></ruby>さんは どこに いますか。

당신의 동생은 어디에 있습니까?

わたしの <ruby>弟<rt>おとうと</rt></ruby>は うちに います。

내 동생은 집에 있습니다.

☞ 「あに・おにいさん」은 남자쪽에서 말하면「형」이 되고, 여자 쪽에서 말할 때는 「오빠」가 된다.

「あね・おねえさん」은 남자쪽에서 말하면「누나」가 되지만,
여자쪽에서 말하면「언니」가 된다.

겸양어(낮춤말)	존대어(높임말)	뜻
찌찌 父(ちち)	오또—상 お父さん(おとうさん)	아버지
하하 母(はは)	오까—상 お母さん(おかあさん)	어머니
료—신 両親(りょうしん)	고료—신 ご両親(ごりょうしん)	양친
슈 징 主人(しゅじん)	고 슈 징 ご主人(しゅじん)	남편, 주인
가 나이 家内(かない)	옥 상 奥さん(おくさん)	아내, 부인
아니 兄(あに)	오 니—상 お兄さん(おにいさん)	형, 오빠
아네 姉(あね)	오 네—상 お姉さん(おねえさん)	누이, 언니
오또—또 弟(おとうと)	오또—또 상 弟 さん(おとうとさん)	남동생
이모—또 妹(いもうと)	이모—또 상 妹 さん(いもうとさん)	여동생
교—다이 兄弟(きょうだい)	고 교—다이 ご兄弟(ごきょうだい)	형제
무 스 꼬 むすこ	무 스 꼬 상 むすこさん	아들
무스메 娘(むすめ)	무스메 상 娘 さん(むすめさん)	딸
소 후 祖父(そふ)	오 지—상 おじいさん	할아버지
소 보 祖母(そぼ)	오 바—상 おばあさん	할머니
오 지 おじ	오 지 상 おじさん	아저씨
오 바 おば	오 바 상 おばさん	아주머니
오 이 おい	오 이 고 상 おいごさん	조카(남자)
메 이 めい	메 이 고 상 めいごさん	조카딸
이 또 꼬 いとこ	이 또 꼬 노 가 따 いとこの かた	사촌(종형제)
신 세끼 親戚(しんせき)	고 신 세끼 ご親戚(ごしんせき)	친척
가 조꾸 家族(かぞく)	고 가 조꾸 ご家族(ごかぞく)	가족

❑ 사람을 세는 조수사

「한 사람」을 「ひとり」라고 하고, 「두 사람」을 「ふたり」라고 한다. 「いちにん」, 「ににん」이라고 해서는 안된다.

예 <ruby>何人<rt>なんにん</rt></ruby> いますか。

몇 사람 있습니까?

<ruby>二人<rt>ふたり</rt></ruby> います。

두 사람 있습니다.

❑ 존재 표현

일본어에는 존재를 나타내는 동사가 우리말과는 달리 「ある」와 「いる」가 있다.

「ある」는 무생물, 즉 움직이지 않는 사물의 존재유무를 나타낼 때 쓰이며, 「いる」는 생물, 즉 움직이는 생물의 존재를 나타낼 때 쓴다.

「ある」는 5단동사로 「あります・ありません・ありました・ありませんでした」이고, 「いる」는 상1단동사로 「います・いません・いました・いませんでした」로 활용을 한다.

예 りんごが **あります**。(무생물)

사과가 있습니다.

<ruby>人<rt>ひと</rt></ruby>が **います**。(생물)

사람이 있습니다.

ねこは **いません**。(생물)

고양이는 없습니다.

☞ 과거에 존재했던 사실을 말할 때는 생물일지라도 「いる」를 쓰지 않고 「ある」를 쓴다.

예 むかし、 むかし おじいさんが **いました**。(×)

むかし、 むかし おじいさんが **ありました**。(○)
옛날 옛날에 할아버지가 있었습니다.

❏ ~の ところ

일본어의 조사 「の」는 체언과 체언 사이에 접속되어 관계를 분명히 하는 뜻 이외에 함축적인 의미로 매우 편리하게 쓰이는 조사이다.

본문의 「木村さんの ところ」를 직역하면 「기무라 씨의 곳」이 되지만, 「기무라 씨가 있는(사는) 곳」이라는 뜻으로 「木村さんの いる(すむ) ところ」의 함축된 형태이다.

❏ けれども

「けれども」는 접속사로 지금 한 말에서 예상된 것과는 다른 방향으로 이야기를 진전시킬 때 쓰이는 말이다. 우리말의 「그러나, 그렇지만, 하지만」에 해당하며 「けれど」, 「けど」, 「けども」의 형태로 줄여서 주로 회화에서 쓰인다.

예 りんごは あります。 **けれども** なしは ありません。
사과는 있습니다. 그렇지만 배는 없습니다.
弟は います。 **けれども** 妹は いません。
남동생은 있습니다. 하지만 여동생은 없습니다.

❖ 연습 문제

1 다음 ☐에 적당한 말을 넣으시오.
① りんごは ふたつ ☐☐☐☐。
② ねこが いっぴき ☐☐☐。

③ あなたは おにいさんが □□□か。
④ わたしは いもうとは □□□□。

2 다음 물음에 긍정으로 답하시오.
① あなたは おばあさんが いますか。
② あなたは おじさんが いますか。
③ 何人 ご兄弟ですか。(三人)
④ いもうとさんが いますか。

3 다음 우리말을 일본어로 바꾸시오.
① 어제 김씨가 있는 곳에 갔습니다. (きのう)
② 이 분이 당신의 아버지입니까?
③ 가족은 몇 명입니까?
④ 할아버지는 있습니다. 하지만 할머니는 없습니다.

◈ 연습 해답 ◈

1 ① あります ② います ③ います ④ いません

2 ① はい、 祖父(そふ)が います。
② はい、 おじが います。
③ 三人 兄弟です。
④ はい、 いもうとが います。

3 ① きのう 金さんの ところへ いきました。
② この かたが あなたの お父(とう)さんですか。
③ 何人(なんにん) ご家族(かぞく)ですか。
④ 祖父(そふ)は います。 けれども 祖母(そぼ)は いません。

毎朝 何時に 起きますか
(매일 아침 몇 시에 일어납니까)

월 일

12 毎朝 何時に 起きますか

■ 학습 목표 ■

1 시간 표현(시·분·초)

2 ～から ～まで

3 동사의 「ます」형＋に いく(くる)

4 수단·방법을 나타내는 「で」의 용법

_{아 나 따 와 마이아사 난 지 니 오 끼 마 스 까}
あなたは 毎朝 何時に 起きますか。

당신은 매일 아침 몇 시에 일어납니까?

_{와 따 시 와 마이아사 로꾸지 니 오 끼 마 스}
わたしは 毎朝 六時に 起きます。

나는 매일 아침 여섯 시에 일어납니다.

_{데 와 난 지 니 가이샤 에 이 끼 마 스 까}
では、 何時に 会社へ 行きますか。

그럼, 몇 시에 회사에 갑니까?

_{마이니찌 시찌지 항 니 가이샤 에 이 끼 마 스}
毎日 七時半に 会社へ 行きます。

매일 일곱 시 반에 회사에 갑니다.

会社は 九時に 始まりますか。

회사는 아홉 시에 시작됩니까?

いいえ、 九時に 始まりません。 九時十分に

始まります。

아니오, 아홉 시에 시작되지 않습니다. 아홉 시 십 분에

시작됩니다.

会社は 何時に 終わりますか。

회사는 몇 시에 끝납니까?

月曜日から 金曜日までは 午後 五時半に 終わります。

월요일부터 금요일까지는 오후 다섯 시 반에 끝납니다.

土曜日は 午前 十二時に 終わります。

토요일은 오전 열두 시에 끝납니다.

会社の 昼休みは 何時間ですか。

회사의 점심 휴식은 몇 시간입니까?

昼休みは 十二時から 午後 一時まで 一時間です。

점심 휴식은 열두 시부터 오후 한 시까지 한 시간입니다.

何時ごろに うちへ 帰りますか。

몇 시 경에 집에 돌아옵니까?

<ruby>七時<rt>시찌지</rt></ruby>ごろ<rt>고로</rt> うち<rt>우찌</rt>へ<rt>에</rt> 帰ります<rt>가에리마스</rt>。

일곱 시 경에 집에 돌아옵니다.

夜 どこかへ 行きますか。

밤에 어딘가에 갑니까?

ときどき 友達と お酒を 飲みに 行きます。

가끔 친구와 술을 마시러 갑니다.

毎晩 何時ごろ 寝ますか。

매일 밤 몇 시 경에 잡니까?

十二時ごろ 寝ます。

열두 시 경에 잡니다.

あなたの うちから 会社まで 地下鉄で 何分

ぐらい かかりますか。

당신 집에서 회사까지 지하철로 몇 분 정도 걸립니까?

五十分ぐらい かかります。

오십 분 정도 걸립니다.

^{이마} ^난^지^데^스^까
今 何時ですか。

지금 몇 시입니까?

^{이마} ^쵸 ^ー^도 ^구^지^데^스
今 ちょうど 九時です。

지금 정각 아홉 시입니다.

◙ 한자 읽기 ◙

毎朝(まいあさ)　　　　　飲(の)む
何時(なんじ)　　　　　　毎晩(まいばん)
起(お)きる　　　　　　　寝(ね)る
毎日(まいにち)　　　　　地下鉄(ちかてつ)
昼休(ひるやす)み　　　　何分(なんぷん)
何時間(なんじかん)　　　午後(ごご)
お酒(さけ)

◙ 어구 해석 ◙

毎朝(まいあさ) … 매일 아침　　ときどき … 가끔
何時(なんじ) … 몇 시　　　　　お酒(さけ) … 술
起(お)きる … 일어나다　　　　飲(の)む … 마시다
毎日(まいにち) … 매일　　　　寝(ね)る … 자다
始(はじ)まる … 시작되다　　　地下鉄(ちかてつ) … 지하철
〜から … 〜부터　　　　　　　何分(なんぷん) … 몇 분
〜まで … 〜까지　　　　　　　〜ぐらい … 〜정도
午後(ごご) … 오후　　　　　　かかる … 걸리다
〜ごろ … 〜쯤　　　　　　　　ちょうど … 정각
どこかへ … 어딘가에

❖ 문형 연습

1 あなたは 何時に 会社へ 行きますか。
_{아 나 따 와 난 지 니 가이 샤 에 이 끼 마 스 까}

당신은 몇 시에 회사에 갑니까?

八時に 行きます。
_{하찌 지 니 이 끼 마 스}

8시에 갑니다.

2 今、 何時ですか。
_{이마   난 지 데 스 까}

지금 몇 시입니까?

今、 ちょうど 十二時です。
_{이마   쵸 ー 도 쥬ー 니 지 데 스}

지금 정각 12시입니다.

九時 十分です。
_{구 지 집 뿡 데 스}

9시 10분입니다.

八時 五分すぎです。
_{하찌 지 고 훙 스 기 데 스}

8시 5분 조금 지났습니다.

十二時 十分前です。
_{쥬ー 니 지 집 뿡 마에 데 스}

12시 10분전입니다.

쥬ー이찌지 한 데 스
十一時半です。

11시 반입니다.

고 꼬 까 라 　에끼마데　 낭 뿡 구 라 이 　 가 까 리 마 스 까
3 ここから 駅まで 何分ぐらい かかりますか。

여기에서 역까지 몇 분정도 걸립니까?

야꾸 짐 뿡구라이 　가 까 리 마 스
約 十分ぐらい かかります。

약 10분정도 걸립니다.

고 꼬 까 라 가이샤 마 데 　나니데　 이 끼 마 스 까
4 ここから 会社まで 何で 行きますか。

여기에서 회사까지 무엇으로 갑니까?

바 스 데 　이 끼 마 스
バスで 行きます。

버스로 갑니다.

✪ 어법 해설

❏ 때를 나타내는 조사 「に」의 용법

「に」는 존재하는 장소를 나타내는 용법 이외에, 여기서처럼 시간을 나타낼 때도 쓰인다. 우리말의 조사 「~에」에 해당한다.

예 八時に 会社へ 行きます。
はちじ かいしゃ い

8시에 회사에 갑니다.

午前 七時に ごはんを 食べます。
ごぜん しちじ た

오전 7시에 밥을 먹습니다.

☞ 그러나 다음과 같은 말에는 우리말로「~에」를 쓰지만, 일본어
에서는 조사「に」를 쓸 수 없다.

朝(あさ)아침   昼(ひる)낮   夜(よる)밤

午前(ごぜん)오전   午後(ごご)오후

예 **朝に** パンを 食べます。（×）

朝 パンを 食べます。（○）

아침에 빵을 먹습니다.

❏ ~から ~まで

「から」는 동작이나 상태가 시작되는 시간이나 시기를 나타낼 때
쓰이는 조사이고,「まで」는 한도나 한계를 나타낼 때 쓰인다. 우
리말의「~부터(에서) ~까지」에 해당한다.

예 朝 六時**から** 八時**まで** テレビを みました。

아침 6시부터 8시까지 텔레비전을 보았습니다.

朝から 晩**まで** はたらきます。
ばん

아침부터 밤까지 일합니다.

ゆうがた**から** 雪が ふりました。
ゆき

저녁때부터 눈이 내렸습니다.

夕食**まで** かえります。
ゆうしょく

저녁 식사 때까지 돌아오겠습니다.

❏ 시간 표현

	시(時)		분(分)		시간(時間)
1	一時 (いちじ)	1	一分 (いっぷん)	1	一時間 (いちじかん)
2	二時 (にじ)	2	二分 (にふん)	2	二時間 (にじかん)
3	三時 (さんじ)	3	三分 (さんぷん)	3	三時間 (さんじかん)
4	四時 (よじ)	4	四分 (よんぷん)	4	四時間 (よじかん)
5	五時 (ごじ)	5	五分 (ごふん)	5	五時間 (ごじかん)
6	六時 (ろくじ)	6	六分 (ろっぷん)	6	六時間 (ろくじかん)
7	七時 (しちじ)	7	七分 (ななふん)	7	七時間 (ななじかん)
8	八時 (はちじ)	8	八分 (はっぷん)	8	八時間 (はちじかん)
9	九時 (くじ)	9	九分 (きゅうふん)	9	九時間 (くじかん)
10	十時 (じゅうじ)	10	十分 (じっぷん)	10	十時間 (じゅうじかん)
11	十一時 (じゅういちじ)	11	十一分 (じゅういっぷん)	11	十一時間 (じゅういちじかん)
12	十二時 (じゅうにじ)	15	十五分 (じゅうごふん)	12	十二時間 (じゅうにじかん)
?	何時 (なんじ)	20	二十分 (にじっぷん)	15	十五時間 (じゅうごじかん)
		30	三十分 (さんじっぷん)	20	二十時間 (にじゅうじかん)
		60	六十分 (ろくじっぷん)	24	二十四時間 (にじゅうよじかん)
		?	何分 (なんぷん)	?	何時間 (なんじかん)

❏ 동사의 ます형＋に いく, くる

동사의 「ます형」에 목적을 나타내는 조사「に」를 접속하고, 뒤에 「いく, くる」가 오면 「~하러 가다, 오다」의 뜻을 나타낸다.

예 かばんを 買いに 行きます。

가방을 사러 갑니다.

あなたは 何を しに 行きますか。

당신은 무엇을 하러 갑니까?

ともだちに 会いに 行きます。

친구를 만나러 갑니다.

ここに 何を しに きましたか。

여기에 무엇을 하러 왔습니까?

❏ 조사 「で」의 용법

「で」는 장소를 나타낼 뿐만 아니라, 여기서처럼 수단, 방법 또는 재료를 나타내기도 한다. 이 때는 「~로, ~으로」로 해석한다.

예 なにで 食べますか。

무엇으로 먹습니까?

会社まで 電車で 行きます。

회사까지 전차로 갑니다.

酒は 米で つくります。

술은 쌀로 만듭니다.

❏ ぐらい

「ぐらい」는 대체로 수량을 나타내는 말에 붙어 대략의 수량이나 정도를 나타내는 말로, 우리말의 「쯤, 정도, 만큼」에 해당한다.

예 ここから 会社まで 一時間ぐらい かかります。

여기서 회사까지 1시간 쯤 걸립니다.

この テレビは 十万円ぐらいです。

이 텔레비전은 10만엔 정도입니다.

☞ 「ぐらい」는 「くらい」로 쓰기도 하는데, 보통 연체사 「この・
   その・あの・どの」또는 동사의 연체형에 접속될 때는 「くら
   い」를 쓰고, 명사류에 접속될 때는 「ぐらい」를 쓰는 것이 일반
   적이다.

예 時間は どの くらい かかりますか。

   시간은 어느 정도 걸립니까?

◉ 연습 문제

1 다음 □에 적당한 말을 넣으시오.

① あさごはんは 何時□ 食べますか。

② 何時□□ 何時□□ ねますか。

③ ごはんを 食べ□ 行きます。

④ バス□ 学校まで 行きます。

2 다음 (   ) 안의 말로 답하시오.

① 一日は 何時間ですか。(二十四時間)

② 一時間は 何分ですか。(六十分)

③ いま 何時ですか。(二時二十分)

④ 何時から はじめますか。(午後 三時)

③ 다음 우리말을 일본어로 바꾸시오.
　① 오전 7시 경에 밥을 먹습니다. (ごはん)
　② 몇 시부터 일을 합니까?
　③ 무엇으로 역까지 갑니까?
　④ 무엇을 하러 갑니까?

◙ 연습 해답 ◙

① ① に　② から, まで　③ に　④ で

② ① 一日は 二十四時間です。
　② 一時間は 六十分です。
　③ 今、 二時 二十分です。
　④ 午後 三時から はじめます。

③ ① 午前 七時ごろ ごはんを 食べます。
　② 何時から 仕事を しますか。
　③ 何で 駅まで 行きますか。
　④ 何を しに 行きますか。

先週の　土曜日は　雨でした
(지난 주 토요일은 비가 왔습니다)

>> 18일째

□□월 □□일

13 先週の 土曜日は 雨でした

■ 학습 목표 ■

1 단정을 나타내는 「です」의 용법

기본형　　　　～です

과거·완료　　　～でした

추측　　　　　～でしょう

부정 과거　　　～では ありませんでした

2 요일과 주간

きのうは いい 天気だった。

어제는 좋은 날씨였다.

きょうも いい 天気だ。

오늘도 좋은 날씨이다.

あしたも たぶん いい 天気だろう。

내일도 아마 좋은 날씨일 것이다.

<ruby>今<rt>곤</rt></ruby><ruby>週<rt>슈-</rt></ruby>の <ruby>日<rt>니</rt></ruby><ruby>曜<rt>찌요-</rt></ruby><ruby>日<rt>비</rt></ruby>は <ruby>いい<rt>와 이-</rt></ruby> <ruby>天<rt>뎅</rt></ruby><ruby>気<rt>끼</rt></ruby><ruby>です<rt>데스</rt></ruby>。

이번주 일요일은 좋은 날씨입니다.

<ruby>先<rt>센</rt></ruby><ruby>週<rt>슈-</rt></ruby>の <ruby>日<rt>니</rt></ruby><ruby>曜<rt>찌요-</rt></ruby><ruby>日<rt>비</rt></ruby>も <ruby>いい<rt>모 이-</rt></ruby> <ruby>天<rt>뎅</rt></ruby><ruby>気<rt>끼</rt></ruby><ruby>でした<rt>데 시 따</rt></ruby>。

지난주 일요일도 좋은 날씨였습니다.

<ruby>先<rt>센</rt></ruby><ruby>週<rt>슈-</rt></ruby>の <ruby>土<rt>도</rt></ruby><ruby>曜<rt>요-</rt></ruby><ruby>日<rt>비</rt></ruby>は <ruby>いい<rt>와 이-</rt></ruby> <ruby>天<rt>뎅</rt></ruby><ruby>気<rt>끼</rt></ruby><ruby>でしたか<rt>데 시 따 까</rt></ruby>。

지난주 토요일은 좋은 날씨였습니까?

<ruby>いいえ<rt>이-에</rt></ruby>、 <ruby>いい<rt>이-</rt></ruby> <ruby>天<rt>뎅</rt></ruby><ruby>気<rt>끼</rt></ruby><ruby>では<rt>데 와</rt></ruby> <ruby>ありません<rt>아 리 마 셍</rt></ruby><ruby>でした<rt>데 시 따</rt></ruby>。

아니오, 좋은 날씨가 아니었습니다.

<ruby>先<rt>센</rt></ruby><ruby>週<rt>슈-</rt></ruby>の <ruby>土<rt>도</rt></ruby><ruby>曜<rt>요-</rt></ruby><ruby>日<rt>비</rt></ruby>は <ruby>雨<rt>와 아메</rt></ruby><ruby>でした<rt>데 시 따</rt></ruby>。

지난주 토요일은 비였습니다. (비가 왔습니다.)

<ruby>今<rt>곤</rt></ruby><ruby>週<rt>슈-</rt></ruby>の <ruby>金<rt>긴</rt></ruby><ruby>曜<rt>요-</rt></ruby><ruby>日<rt>비</rt></ruby>は <ruby>どんな<rt>와 돈 나</rt></ruby> <ruby>天<rt>뎅</rt></ruby><ruby>気<rt>끼</rt></ruby><ruby>でしょうか<rt>데 쇼 - 까</rt></ruby>。

이번주 금요일은 어떤 날씨일까요?

<ruby>そうですね<rt>소 - 데 스 네</rt></ruby>。 <ruby>たぶん<rt>다 붕</rt></ruby> <ruby>晴れ<rt>하 레</rt></ruby><ruby>でしょう<rt>데 쇼 -</rt></ruby>。

글쎄요, 아마 맑을 것입니다.

<ruby>ジョン<rt>죤</rt></ruby><ruby>さん<rt>상</rt></ruby>、 <ruby>あなたは<rt>아 나 따 와</rt></ruby> <ruby>日<rt>니</rt></ruby><ruby>曜<rt>찌요-</rt></ruby><ruby>日<rt>비</rt></ruby> <ruby>なにを<rt>나 니 오</rt></ruby> <ruby>しますか<rt>시 마 스 까</rt></ruby>。

죤 씨, 당신은 일요일에 무엇을 합니까?

わたしは 運動や 散歩を します。

나는 운동이나 산책를 합니다.

どんな 運動を しますか。

어떤 운동을 합니까?

バドミントンや ピンポン などを します。

베드민턴이나 탁구 등을 합니다.

では、 天気の いい 日曜日は いそがしいですね。

그럼, 날씨가 좋은 일요일은 바쁘겠군요.

はい、 いそがしいです。 しかし、 たいへん

楽しいです。

네, 바쁩니다. 그러나 매우 즐겁습니다.

◪ 한자 읽기 ◪

先週(せんしゅう)	晴(は)れ
雨(あめ)	運動(うんどう)
天気(てんき)	散歩(さんぽ)
今週(こんしゅう)	楽(たの)しい

◘ 어구 해석 ◘

先週(せんしゅう) … 지난주

雨(あめ) … 비

～でした … ～이었습니다

いい … 좋다

天気(てんき) … 날씨

きのう … 어제

～だった … ～이었다

きょう … 오늘

～だ … ～이다

あした … 내일

たぶん … 아마

だろう … 일 것이다

今週(こんしゅう) … 이번주

～では ありませんでした …
～이(가) 아니었습니다

～でしょうか … ～일까요

晴(は)れ … 맑음

しますか … 합니까?

運動(うんどう) … 운동

散歩(さんぽ) … 산책

バドミントン … 베드민턴

ピンポン … 탁구

いそがしい … 바쁘다

しかし … 그러나

たいへん … 매우

楽(たの)しい … 즐겁다

◘ 문형 연습

1. 金さんは 二年前まで 日本語の 先生だった。

김씨는 2년전까지 일본어 선생님이었다.

今は 日本語の 先生では ない。 英語の 先生だ。

지금은 일본어 선생님이 아니다. 영어 선생님이다.

2 きのうも 今日も 雨だ。

어제도 오늘도 비다.

あしたも たぶん 雨だろう。

내일도 아마 비가 내릴 것이다.

3 李さんは 一年前までは 貿易会社の 平社員でした。

이씨는 1년전까지는 무역회사의 평사원이었습니다.

今は 平社員では ありません。 課長です。

지금은 평사원이 아닙니다. 과장입니다.

4 金社長は 昔も 金持ちでしたか。

김사장은 옛날에도 부자였습니까?

いいえ、 昔は 金持ちでは ありませんでした。

아니오. 옛날에는 부자가 아니었습니다.

5 李さんは 今も サラリーマンでしょうね。

이씨는 지금도 샐러리맨이겠죠.

そうですね。 たぶん 今も サラリーマンでしょう。

글쎄요. 아마 지금도 샐러리맨이겠죠.

◎ 어법 해설

❏ 「だ」와 「です」의 용법

「だ」는 단정을 나타내는 조동사로 우리말의 「～이다」에 해당하는 말로서, 그 공손한 표현은 「です」이다. 「だ」와 「です」는 앞에서 배운 부정형 이외에 여러가지로 활용을 한다. 즉 과거·완료를 나타낼 때는 「です」의 경우 어미 「す」가 「し」로 바뀌어 과거를 나타내는 조동사 「た」가 접속되고, 추측을 나타낼 때는 「す」가 「しょ」로 바뀌어 「う」가 접속된다.

① 「だ」의 활용

기본형	だ	～이다
부정형	では ない	～이(가) 아니다
과거·완료	だった	～이었다
추측	だろう	～일 것이다
부정과거	では なかった	～이(가) 아니었다

예 ぼくは サラリーマンだ。
나는 샐러리맨이다.

ぼくは サラリーマン**では ない**。
나는 샐러리맨이 아니다.

ぼくは 一年前は サラリーマン**だった**。
나는 1년전에는 샐러리맨이었다.

金さんは 今も サラリーマン**だろう**。
김씨는 지금도 샐러리맨일 것이다.

ぼくは 一年前は サラリーマン**では なかった**。
나는 1년전에는 샐러리맨이 아니었다.

② 「です」의 활용

기본형	です	~입니다
부정형	では ありません	~이(가) 아닙니다
과거·완료	でした	~이었습니다
추측	でしょう	~이겠지요
부정과거	では ありませんでした	~이(가) 아니었습니다

예 これは わたしの 車です。
　　이것은 내 차입니다.
　　これは 金さんの 車では ありません。
　　이것은 김씨의 차가 아닙니다.
　　この 車は 一年前は わたしの 車でした。
　　이 차는 1년전에는 내 차였습니다.
　　今は 金さんの 友だちの 車でしょう。
　　지금은 김씨의 친구 차겠지요.
　　一か月前は 金さんの 友だちの 車では ありませんでした。
　　1개월 전에는 김씨 친구의 차가 아니었습니다.

□ たぶん ～だろう・でしょう

우리말의 「아마 ~일 것이다·이겠지요」에 해당하는 일본어의 문형은 「아마·필시」에 해당하는 부사 「たぶん」에 추측을 나타내는 「だろう・でしょう」를 이용한다.

예 金さんは 今 たぶん 部長だろう。
　　김씨는 지금 아마 부장일 것이다.
　　あしたも たぶん 雪でしょう。
　　내일도 아마 눈이 내리겠지요.

☐ いい・よい

우리말의 좋다에 해당하는 일본어의 형용사는「いい」와「よい」가 있다.「いい」와「よい」는 똑같은 뜻을 가진 형용사지만, 각기 활용하는 형태에 따라 쓰임이 다르다.

체언을 수식하는 연체형일 경우에는「よい」,「いい」모두 쓰이나 주로「いい」가 많이 쓰이며, 정중형인「です」가 접속될 경우에도「よい」,「いい」모두 쓰이지만 주로「いい」가 많이 쓰인다. 그러나 부정형의 경우는「いい」는 쓸 수 없으며「よい」가 쓰인다.

예 これは **いい(よい)** 品物です。

　　이것은 좋은 물건입니다.

　　この 品物は **いい(よい)**です。

　　이 물건은 좋습니다.

　　この 品物は **よく ありません**。(○)

　　この 品物は **いく ありません**。(×)

　　이 물건은 좋지 않습니다.

☐ 天気の いい 日曜日

조사「の」는「주부＋の＋술부＋체언」의 형태로 뒤의 체언을 수식할 때는 주어를 나타낸다. 즉 이 경우에는 주격조사「が」대신「の」를 쓴다.

예 天気の いい 季節です。(○)

　　天気が いい 季節です。(×)

　　날씨가 좋은 계절입니다.

　　顔色の わるい 子どもです。(○)

　　顔色が わるい 子どもです。(×)

　　얼굴색이 나쁜 어린이입니다.

❏ **요일과 주**

月曜日(げつようび)	金曜日(きんようび)
火曜日(かようび)	土曜日(どようび)
水曜日(すいようび)	日曜日(にちようび)
木曜日(もくようび)	何曜日(なんようび)

주(週)	달(월)	해(년)
先先週(せんせんしゅう) 지지난주	先先月(せんせんげつ) 지지난달	おととし 재작년
先週(せんしゅう) 지난주	先月(せんげつ) 지난달	去年(きょねん) 작년
今週(こんしゅう) 금주	今月(こんげつ) 이달	今年(ことし) 금년
来週(らいしゅう) 다음주	来月(らいげつ) 다음달	来年(らいねん) 내년
さ来週(さらいしゅう) 다음다음주	さ来月(さらいげつ) 다음다음달	さ来年(さらいねん) 내후년
毎週(まいしゅう) 매주	毎月(まいげつ) 매달	毎年(まいねん) 매년

날　짜	아　침	저녁(밤)
おととい 그저께	おとといの あさ 그저께 아침	おとといの ばん 그저께 저녁
昨日(きのう) 어제(어저께)	きのうの あさ 어제 아침	きのうの ばん 어제 저녁

今日(きょう) 오늘	今朝(けさ) 오늘 아침	今晩(こんばん) 오늘 저녁
明日(あした) 내일	あしたの あさ 내일 아침	あしたの ばん 내일 저녁
あさって 모레	あさっての あさ 모레 아침	あさっての ばん 모레 저녁
毎日(まいにち) 매일(날마다)	毎朝(まいあさ) 매일 아침	毎晩(まいばん) 매일 밤

❖ 연습 문제

1 다음 「だ」의 활용형을 「です」의 활용형으로 바꾸시오.
   ① これは 友だちの カメラ(だ。)
   ② 金さんは わたしの 先輩(では ない。)
   ③ きのうは いい 天気(だった。)
   ④ あしたも たぶん 雨(だろう。)
   ⑤ きのうは 雨(では なかった。)

2 다음 물음에 일본어로 답하시오.
   ① 今日は 何曜日ですか。(水曜日)
   ② きのうは 水曜日でしたか。(いいえ、)
   ③ あしたは どんな 天気でしょうか。(雨)
   ④ 会社で 何を しますか。(仕事を する)

3 다음 일본어를 우리말로 고치시오.
① 어제는 나쁜 날씨였습니다. (わるい)
② 어제는 좋은 날씨가 아니었습니다.
③ 몸이 아픈 날은 쉽니다. (いたい, やすむ)
④ 탁구는 어렵습니다. 그러나 즐겁습니다. (むずかしい)

◈ 연습 해답 ◈

1 ① です ② では ありません ③ でした
  ④ でしょう ⑤ では ありませんでした

2 ① 今日は 水曜日です。
  ② いいえ、 水曜日では ありませんでした。
  ③ たぶん 雨でしょう。
  ④ 仕事を します。

3 ① きのうは わるい 天気でした。
  ② きのうは いい 天気では ありませんでした。
  ③ からだの いたい 日は やすみます。
  ④ ピンポンは むずかしいです。 しかし たのしいです。

제14과

うちを 出て 新宿駅まで 歩きました
(집을 나와 신쥬꾸역까지 걸었습니다)

 19일째

□□월 □□일

14 うちを 出て 新宿駅まで 歩きました

■ 학습 목표 ■

□ 동사의 음편

① イ音便 (く・ぐ → い)

② 促音便 (つ・る・う → っ)

③ 撥音便 (む・ぶ・ぬ → ん)

先週の 日曜日に わたしは 博物館と 動物園へ

지난주 일요일에 나는 박물관과 동물원에

行きました。 九時ごろ うちを 出て 新宿駅まで

갔습니다. 아홉 시 무렵 집을 나와 신쥬꾸역까지

歩きました。 電車に 乗って、 上野へ 行きました。

걸어갔습니다. 전차를 타고, 우에노로 갔습니다.

上野駅で 電車を 降りて、 博物館へ 行きました。

우에노역에서 전차를 내려, 박물관으로 갔습니다.

わたしは 二時間ぐらい 建物の 中を 歩きながら 古い

나는 두 시간 정도 건물 안을 걸어다니며 오래된

絵や 彫刻 などを 見ました。 それから 食事を して、

그림이나 조각 등을 보았습니다. 그리고 식사를 하고,

午後 一時ごろ 動物園に 入りました。 動物園には

오후 한시경에 동물원으로 들어갔습니다. 동물원에는

珍しい 動物や 鳥が たくさん いました。 象や

신기한 동물이랑 새기 많이 있었습니다. 코끼리랑

ライオンや きりん なども いました。

사자랑 기린 등도 있었습니다.

くじゃくや つる なども いました。

공작이랑 학 등도 있었습니다.

広い 池の 近くに 建物が ありました。

넓은 연못 근처에 건물이 있었습니다.

わたしは そこに 入って、 魚や かめ などを

나는 그곳에 들어가, 고기랑 거북이 등을

見ました。 それから、 池の そばで 少し 休んで、

보았습니다. 그리고 연못 옆에서 조금 쉬고,

<ruby>四<rt>요</rt></ruby><ruby>時<rt>지</rt></ruby>ごろ <ruby>動<rt>도―부쯔</rt></ruby><ruby>物<rt>엥</rt></ruby><ruby>園<rt>오</rt></ruby>を <ruby>出<rt>데</rt></ruby>ました。

네 시 무렵에 동물원을 나왔습니다.

そして、 <ruby>電<rt>소</rt></ruby><ruby>車<rt>시</rt></ruby>で <ruby>帰<rt>덴 샤 데 가에리</rt></ruby>りました。

그리고 전차로 돌아왔습니다.

◙ 한자 읽기 ◙

新宿駅(しんじゅくえき)　　　彫刻(ちょうこく)
博物館(はくぶつかん)　　　　食事(しょくじ)
動物園(どうぶつえん)　　　　動物(どうぶつ)
電車(でんしゃ)　　　　　　　鳥(とり)
上野(うえの)　　　　　　　　象(ぞう)
上野駅(うえのえき)　　　　　池(いけ)
建物(たてもの)　　　　　　　魚(さかな)
絵(え)

◙ 어구 해석 ◙

出(で)て … 나와서　　　　　鳥(とり) … 새
歩(ある)く … 걷다　　　　　象(ぞう) … 코끼리

博物館(はくぶつかん) … 박물관

動物園(どうぶつえん) … 동물원

電車(でんしゃ) … 전차

乗(の)って … 타고

降(おり)て … 내려서

建物(たてもの) … 건물

古(ふる)い … 낡다

絵(え) … 그림

彫刻(ちょうこく) … 조각

それから … 그리고

入(は)いる … 늘어가(오)다

珍(めずら)しい … 신기하다

動物(どうぶつ) … 동물

ライオン … 사자

きりん … 기린

くじゃく … 공작

～なども … ～등도

つる … 학

広(ひろ)い … 넓다

池(いけ) … 연못

近(ちか)くに … 가까이

魚(さかな) … 고기

かめ … 거북이

そば … 옆

少(すこ)し … 조금

休(やす)んで … 쉬고

そして … 그리고

◎ 문형 연습

1 あなたは 何で 会社へ 行きますか。
아 나 따 와 난 데 가이사 에 이 끼 마 스 까

당신은 무엇으로 회사에 갑니까?

わたしは 電車に 乗って 行きます。
와 따 시 와 덴 샤 니 놋 떼 이 끼 마 스

나는 전차를 타고 갑니다.

2 金さんは うちを 出て 何を しますか。

김씨는 집을 나와 무엇을 합니까?

公園へ 行って 散歩を します。

공원에 가서 산책을 합니다.

3 あなたは 朝 起きて テレビを 見ますか。

당신은 아침에 일어나서 텔레비전을 봅니까?

いいえ、朝 起きて テレビは 見ません。

아니오, 아침에 일어나서 텔레비전은 보지 않습니다.

4 あなたは 会社を 出て 何で 帰りますか。

당신은 회사를 나와 무엇으로 돌아옵니까?

バスで うちへ 帰ります。

버스로 집에 돌아옵니다.

5 日曜日は だいたい 何を しますか。

일요일에는 대체로 무엇을 합니까?

テレビを 見ます。それから 本も 読みます。

텔레비전을 봅니다. 그리고 책도 읽습니다.

◘ 어법 해설 ◘

❑ 조사「て」의 용법

「て」는 동사의 연용형 즉「ます」형에 접속하여 일련의 동작이나 상태 등을 열거하여 그들 사이의 여러가지 관계를 나타내는 조사로 우리말의「~(하)고, ~(하)여, ~(하)며, ~(해)서」등으로 해석된다.

예 電車に 乗って 行きました。

전차를 타고 갔습니다.

朝 早く 起きて ごはんを 食べました。

아침 일찍 일어나서 밥을 먹었습니다.

手を ふって 走ります。

손을 흔들며 달립니다.

❑ 동사의「て형」

위의 조사「て」가 접속할 때는 상1단동사·하1단동사·カ변격동사·サ변격동사와 5단동사에서 어미가「す」로 끝나는 경우에는「ます」가 접속되는 경우와 마찬가지로「て」를 접속하면 된다.

① 상1단동사

예 起きる (일어나다)

起きます → 起きて (일어나서, 일어나고)

見る (보다)

見ます → 見て (보고, 보며)

② 하1단동사

예 食べる (먹다)

食べます → 食べて （먹고）
いる （있다）
います → いて （있고）

③ カ변격동사
예 来る （오다）
きます → きて （와서, 오고）

④ サ변격동사
예 する （하다）
します → して （하고, 하며）

□ 동사의 음편

5단동사의 경우는 어미가 「す」로 끝나는 동사 이외는 「て」가 접속
될 경우에 어미의 음이 변한다. 이것을 소리내기 편하게 된다고
하여 「音便(おんびん)」이라고 한다.

(1) イ音便
어미가 「く・ぐ」로 끝나는 것이 「て」가 접속될 경우에 「い」로 변
하는 것을 말한다.

① 5단동사 중에 어미가 「く」로 끝나는 것은 어미가 「い」로 변하
여 「て」가 접속된다.
예 書く （쓰다）
書きます → 書きて → 書いて （쓰고, 쓰며）
聞く(듣다)
聞きます → 聞きて → 聞いて （듣고）

② 어미가 「ぐ」로 끝나는 것은 「い」로 변하여 「て」가 접속하는데, 이 경우는 앞의 음의 영향을 받아 「て」가 「で」로 변한다.

> **예** 泳ぐ (헤엄치다)
>
> 泳ぎます → 泳ぎて → 泳いで (헤엄치고)
>
> 急ぐ (서두르다)
>
> 急ぎます → 急ぎて → 急いで (서둘러서)

(2) 促音便(そくおんびん)

일명 「つまる音便」이라고도 하며, 어미가 「つ, る, う」로 끝나는 5단동사에 「て」가 접속될 경우, 어미가 촉음 「っ」로 변하는 것을 말한다.

① 어미가 「つ」로 끝날 때는 「っ」로 변한다.

> **예** 待つ(기다리다)
>
> 待ちます → 待ちて → 待って (기다리고)
>
> 持つ (들다)
>
> 持ちます → 持ちて → 持って (들고)

② 어미가 「る」로 끝나는 5단동사는 어미가 「っ」로 변하여 「て」에 접속한다.

> **예** 乗る (타다)
>
> 乗ります → 乗りて → 乗って (타고)
>
> 取る (집다)
>
> 取ります → 取りて → 取って (집고)

③ 어미가 「う」로 끝나는 동사는 어미가 「っ」로 바뀌어 「て」가 접속된다.

예 言う（말하다）

言います → 言いて → 言って（말하고）

買う（사다）

買います → 買いて → 買って（사고）

(3) 撥音便(はつおんびん)

일명 「はねる音便」이라고도 하며, 5단동사 중에 어미가 「む・ぶ・ぬ」로 끝나는 동사는 「て」가 접속될 경우에 어미가 「ん」으로 변하는 것을 말한다.

① 어미가 「む」로 끝나는 5단동사는 어미가 「ん」으로 변하여 「て」가 접속된다. 또한 조사 「て」가 「で」로 변한다.

예 飲む（마시다）

飲みます → 飲みて → 飲んで（마시고）

休む（쉬다）

休みます → 休みて → 休んで（쉬고）

② 어미가 「ぶ」로 끝나는 5단동사는 어미가 「ん」으로 변하여 「て」가 접속하며, 이 때 「て」는 「で」로 변한다.

예 呼ぶ（부르다）

呼びます → 呼びて → 呼んで（부르고）

遊ぶ（놀다）

遊びます → 遊びて → 遊んで（놀고）

③ 어미가 「ぬ」로 끝나는 5단동사로 어미가 「ん」으로 변하여 「て」가 접속하며, 이 때 「て」는 「で」로 변한다.

예 死ぬ (죽다)

死にます → 死にて → 死んで (죽고)

☞ 「ぬ」로 끝나는 동사는 「死ぬ」밖에 없다.

(4) 예외

① 어미가 「す」로 끝나는 5단동사는 음편을 하지 않고 「ます」형에 접속되는 꼴과 같다.

예 話す (이야기하다)

話します → 話して (이야기하고)

② 5단동사 「行く」의 경우는 「イ音便」을 하지 않고 「促音便」을 한다.

예 行く (가다)

行きます → 行きて → 行いて (×)

→ 行って (○)

❏ ~に 乗る

「~을(를) 타다」라고 할 경우에는 조사 「を」를 쓰지 않고 「に」를 쓴다. 즉 「~に 乗る」의 형태이다.

예 バスに 乗る。 버스를 타다.

電車に 乗る。 전차를 타다.

タクシーに 乗る。 택시를 타다.

❏ 예외적인 5단활용동사

모든 어미가 「る」로 끝나는 상1단동사나 하1단동사의 경우 예외적으로 5단활용을 하는 것을 말한다. 예를 들면 다음 보기와 같은

동사는 형태상 상1단, 하1단동사이지만 예외적으로 5단활용을 한다.

走る(달리다)	帰る(돌아가다)	入る(들어오다)
反る(뒤집히다)	限る(한정하다)	参る(가다·오다)
握る(쥐다)	要る(필요하다)	切る(자르다)
交じる(섞이다)	蹴る(차다)	照る(비치다)
散る(흩어지다)	湿る(습기차다)	しゃべる(지껄이다)
知る(알다)	減る(줄다)	捻る(비틀다)

☞ 기본형이 3음절 이상일 때 「おくりがな」가「る」하나일 경우에
   는 대부분 예외적인 5단활용동사이다. 단 2음절인 경우에는 공식
   이 없으므로 암기할 수 밖에 없다.

예 走る (달리다)

走ます(×) → 走ります(○)

走て(×) → 走って(○)

帰る (돌아가다)

帰ます(×) → 帰ります(○)

帰て(×) → 帰って(○)

◪ 연습 문제

1 다음 두 문장을 「て」로 연결하시오.

① 歯を みがきます。 顔を 洗います。

② ごはんを 食べます。 会社へ 行きます。

③ 勉強を します。 12時ごろ 寝ます。

④ いすに かけます。 人を 待ちます。

⑤ ソウルへ 行きます。 友だちに 会います。

⑥ 少し 休みます。 仕事を します。

2 다음 ( )의 동사를 「ます」형으로 바꾸시오.

① わたしは 午後 6時ごろ うちへ (帰る。)

② 電車が (走る。)

③ ねこが 部屋に (入る)

④ さくらの 花が (散る。)

3 다음 우리말을 일본어로 바꾸시오.

① 당신은 일본에 가서 무엇을 했습니까?

② 나는 매일 8시에 집을 나와 회사에 갑니다.

③ 아침에 일어나서 무엇을 합니까?

④ 택시를 타고 집에 돌아갔습니다.

◘ 연습 해답 ◘

1 ① 歯を みがいて、 顔を 洗います。
② ごはんを 食べて、 会社へ 行きます。
③ 勉強を して、 12時ごろ 寝ます。
④ いすに かけて、 人を 待ちます。
⑤ ソウルへ 行って、 友だちに 会います。
⑥ 少し 休んで、 仕事を します。

2 ① 帰ります ② 走ります
③ 入ります ④ 散ります

3 ① あなたは 日本へ 行って 何を しましたか。
② わたしは 毎日 8時に うちを 出て 会社へ 行きます。
③ 朝 起きて 何を しますか。
④ タクシーに 乗って、 うちへ 帰りました。

부록

■ 필수 어휘

❊ 위치 · 방향

☐ 위	上(うえ)	[우에]
☐ 아래	下(した)	[시따]
☐ 옆	横(よこ)	[요꼬]
☐ 뒤	後(うし)ろ	[우시로]
☐ 맞은편	向(むか)い	[무까이]
☐ 안	中(なか)	[나까]
☐ 밖	外(そと)	[소또]
☐ 오른쪽	右(みぎ)	[미기]
☐ 왼쪽	左(ひだり)	[히다리]
☐ 동쪽	東(ひがし)	[히가시]
☐ 서쪽	西(にし)	[니시]
☐ 남쪽	南(みなみ)	[미나미]
☐ 북쪽	北(きた)	[기따]
☐ 가운데	中(なか)	[나까]
☐ 구석	隅(すみ)	[스미]
☐ 가까이	近(ちか)く	[찌까꾸]
☐ 멀리	遠(とお)く	[도오꾸]
☐ 사이	間(あいだ)	[아이다]

❊ 신체

☐ 몸	体(からだ)	[가라다]
☐ 살갗	肌(はだ)	[하다]
☐ 머리	頭(あたま)	[아따마]
☐ 얼굴	顔(かお)	[가오]
☐ 눈	目(め)	[메]
☐ 코	鼻(はな)	[하나]

☐ 귀	耳(みみ)	[미미]
☐ 입	口(くち)	[구찌]
☐ 목	首(くび)	[구비]
☐ 어깨	肩(かた)	[가따]
☐ 손	手(て)	[데]
☐ 팔	腕(うで)	[우데]
☐ 가슴	胸(むね)	[무네]
☐ 등	背中(せなか)	[세나까]
☐ 배	おなか	[오나까]
☐ 허리	腰(こし)	[고시]
☐ 엉덩이	お尻(しり)	[오시리]
☐ 발	足(あし)	[아시]

❀ 생리현상

☐ 눈물	涙(なみだ)	[나미다]
☐ 땀	汗(あせ)	[아세]
☐ 침	つば	[쯔바]
☐ 콧물	鼻水(はなみず)	[하나미즈]
☐ 기침	せき	[세끼]
☐ 숨	息(いき)	[이끼]
☐ 재채기	くしゃみ	[구샤미]
☐ 기지개	のび	[노비]
☐ 하품	あくび	[아꾸비]
☐ 오줌	おしっこ	[오식꼬]
☐ 방구	おなら	[오나라]
☐ 심장	心臓(しんぞう)	[신조一]
☐ 폐	肺(はい)	[하이]
☐ 위	胃(い)	[이]
☐ 간장	肝臓(かんぞう)	[간조一]

☐ 살	肉(にく) [니꾸]
☐ 뼈	骨(ほね) [호네]
☐ 피	血(ち) [찌]

✿ 체격

☐ 대머리	はげあたま [하게아따마]
☐ 곱슬머리	ちぢれげ [지지레게]
☐ 흰머리	白髪(しらが) [시라가]
☐ 쌍꺼풀	ふたえまぶた [후따에마부따]
☐ 콧수염	くちひげ [구찌히게]
☐ 키가 크다	背(せ)が高(たか)い [세가다까이]
☐ 키가 작다	背(せ)が低(ひく)い [세가히꾸이]
☐ 살이 찌다	ふとった [후똣따]
☐ 말랐다	やせた [야세따]
☐ 잘 생겼다	ハンサムだ [한사무다]
☐ 못 생겼다	ブスだ [부스다]
☐ 건강하다	健康(けんこう)だ [겡꼬다]
☐ 약하다	弱(よわ)い [요와이]
☐ 배가 나오다	腹(はら)が出(で)る [하라가데루]
☐ 남자답다	男(おとこ)らしい [오또꼬라시이]
☐ 여자답다	女(おんな)らしい [온나라시이]

✿ 일상생활

☐ 일어나다	起(お)きる [오끼루]
☐ 세수하다	顔(かお)をあらう [가오오아라우]
☐ 이를 닦다	歯(は)をみがく [하오미가꾸]
☐ 밥을 먹다	ご飯(はん)を食(た)べる [고항오다베루]

- 물을 마시다   水(みず)を飲(の)む[미즈오노무]
- 화장실에 가다   トイレに行(い)く[토이레니이꾸]
- 화장하다   化粧(けしょう)する[게쇼-스루]
- 출근하다   出勤(しゅっきん)する[슛낑스루]
- 일하다   働(はたら)く[하따라꾸]
- 바쁘다   忙(いそが)しい[이소가시이]
- 놀다   遊(あそ)ぶ[아소부]
- 돌아오다   帰(かえ)ってくる[가엣떼구루]
- 쉬다   休(やす)む[야스무]
- 목욕하다   風呂(ふろ)にはいる[후로니하이루]
- 자다   寝(ね)る[네루]
- 꿈꾸다   夢(ゆめ)みる[유메미루]

❈ 일생

- 살다   暮(くら)す[구라스]
- 태어나다   生(う)まれる[우마레루]
- 자라다   育(そだ)つ[소다쯔]
- 나이를 먹다   年(とし)をとる[도시오도루]
- 늙다   老(お)いる[오이루]
- 죽다   死(し)ぬ[시누]
- 약혼하다   婚約(こんやく)する[곤야꾸스루]
- 결혼하다   結婚(けっこん)する[겍꽁스루]
- 이혼하다   離婚(りこん)する[리꽁스루]
- 처녀   娘(むすめ)[무스메]
- 생일   誕生日(たんじょうび)[단죠-비]
- 환갑   還暦(かんれき)[간레끼]

❈ 동작

☐ 잡다	つかむ[쯔까무]
☐ 밀다	押(お)す[오스]
☐ 당기다	引(ひ)く[히꾸]
☐ 만지다	触(さわ)る[사와루]
☐ 흔들다	揺(ゆ)する[유스루]
☐ 때리다	殴(なぐ)る[나구루]
☐ 찢다	破(やぶ)る[야부루]
☐ 던지다	投(な)げる[나게루]
☐ 받다	受(う)ける[우께루]
☐ 안다	抱(いだ)く[이다꾸]
☐ 들다	持(も)つ[모쯔]
☐ 줍다	拾(ひろ)う[히로우]
☐ 가리키다	指(さ)す[사스]
☐ 두드리다	たたく[다따꾸]
☐ 누르다	押(お)さえる[오사에루]
☐ 차다	蹴(け)る[게루]
☐ 걷다	歩(ある)く[아루꾸]
☐ 뛰다	走(はし)る[하시루]
☐ 넘어지다	倒(たお)れる[다오레루]
☐ 밟다	踏(ふ)む[후무]

❈ 감각

☐ 생각하다	考(かんが)える[강가에루]
☐ 기억하다	覚(おぼ)えている[오보에떼이루]
☐ 잊어버리다	忘(わす)れてしまう[와스레떼시마우]
☐ 후회하다	後悔(こうかい)する[고ー까이스루]

□ 고민하다　悩(なや)む[나야무]
□ 반성하다　反省(はんせい)する[한세－스루]
□ 미치다　狂(くる)う[구루－]
□ 궁금하다　気(き)になる[기니나루]
□ 눈치가 빠르다　気(き)がきく[기가기꾸]
□ 눈치가 없다　気(き)がきかない[기가기까나이]
□ 신경을 쓰다　気(き)をつかう[기오쯔까우]
□ 멍하다　ぼんやりする[봉야리스루]
□ 조심하다　気(き)をつける[기오쯔께루]
□ 오해하다　誤解(ごかい)する[고까이스루]
□ 착각하다　錯覚(さっかく)する[삿까꾸스루]
□ 믿다　信(しん)じる[신지루]
□ 의논하다　相談(そうだん)する[소－단스루]
□ 정하다　決(き)める[기메루]
□ 의심하다　疑(うたが)う[우따가우]

❋ 감정(1)

□ 기쁘다　嬉(うれ)しい[우레시이]
□ 즐겁다　楽(たの)しい[다노시이]
□ 재미있다　面白(おもしろ)い[오모시로이]
□ 재미없다　つまらない[쯔마라나이]
□ 기분좋다　気分(きぶん)が良(よ)い[기붕가요이]
□ 기분나쁘다　気分(きぶん)が悪(わる)い[기붕가와루이]
□ 우습다　可笑(おか)しい[오까시－]
□ 행복하다　幸福(こうふく)だ[고－후꾸다]
□ 흥분하다　興奮(こうふん)する[고－훈스루]
□ 감동하다　感動(かんどう)する[간도－스루]
□ 그저그렇다　まあまあである[마－마－데아루]
□ 사랑하다　愛(あい)する[아이스루]

- ☐ 좋아하다 　　好(すき)だ[스끼다]
- ☐ 싫어하다 　　嫌(きら)いだ[기라이다]
- ☐ 불쾌하다 　　不愉快(ふゆかい)だ[후유까이다]
- ☐ 질투하다 　　嫉妬(しっと)する[싯또스루]
- ☐ 부러워하다 　うらやましがる[우라야마시가루]
- ☐ 만족하다 　　満足(まんぞく)する[만조꾸스루]
- ☐ 섭섭하다 　　残念(ざんねん)だ[잔넹다]

✿ 감정(2)

- ☐ 슬프다 　　　悲(かな)しい[가나시ー]
- ☐ 쓸쓸하다 　　さびしい[사비시ー]
- ☐ 괴롭다 　　　辛(つら)い[쯔라이]
- ☐ 무섭다 　　　恐(こわ)い[고와이]
- ☐ 실망하다 　　がっかりする[각까리스루]
- ☐ 겁나다 　　　おじけづく[오지께즈꾸]
- ☐ 분하다 　　　悔(くや)しい[구야시ー]
- ☐ 화나다 　　　腹立(はらだ)つ[하라다쯔]
- ☐ 놀라다 　　　驚(おどろ)く[오도로꾸]
- ☐ 답답하다 　　息苦(いきぐる)しい[이끼구루시ー]
- ☐ 참다 　　　　我慢(がまん)する[가만스루]
- ☐ 불쌍하다 　　可愛(かわ)いそうだ[가와이소ー다]
- ☐ 원망하다 　　恨(うら)む[우라무]
- ☐ 미워하다 　　憎(にく)む[니꾸무]
- ☐ 당황하다 　　慌(あわ)てる[아와떼루]
- ☐ 걱정하다 　　心配(しんぱい)する[심빠이스루]
- ☐ 허전하다 　　ものさびしい[모노사비시ー]
- ☐ 창피하다 　　恥(はずか)しい[하즈까시ー]
- ☐ 곤란하다 　　困(こま)る[고마루]

❀ 성격

- [ ] 게으르다　　怠(なま)ける [나마께루]
- [ ] 부지런하다　忠実(まめ)だ [마메다]
- [ ] 침착하다　　落(おち)ついている [오찌쯔이떼이루]
- [ ] 덜렁거리다　そそっかしい [소속까시ー]
- [ ] 훌륭하다　　立派(りっぱ)だ [립빠다]
- [ ] 착하다　　　善良(ぜんりょう)だ [젠료ー다]
- [ ] 건방지다　　生意気(なまいき)だ [나마이끼다]
- [ ] 거만하다　　ごうまんだ [고ー만다]
- [ ] 점잖다　　　大人(おとな)しい [오또나시ー]
- [ ] 상냥하다　　優(やさ)しい [야사시ー]
- [ ] 친절하다　　親切(しんせつ)だ [신세쯔다]
- [ ] 순진하다　　純眞(じゅんしん)だ [준신다]
- [ ] 똑똑하다　　利口(りこう)だ [리꼬ー다]
- [ ] 용감하다　　勇敢(ゆうかん)だ [유ー깐다]
- [ ] 명랑하다　　朗(ほが)らかだ [호가라까다]
- [ ] 냉정하다　　冷(つめ)たい [쯔메따이]

❀ 때

- [ ] 지금　　今(いま) [이마]
- [ ] 곧　　　直(す)ぐに [스구니]
- [ ] 일찍　　早(はや)く [하야꾸]
- [ ] 언제나　いつも [이쯔모]
- [ ] 평소　　不断(ふだん) [후단]
- [ ] 우선　　先(ま)ず [마즈]
- [ ] 먼저　　先(さき)に [사끼니]
- [ ] 아까　　先(さっき) [삭끼]

- [ ] 지난번에   この前(まえ)に[고노마에니]
- [ ] 방금   たった今(いま)[닷따이마]
- [ ] 나중에   後(あと)で[아또데]
- [ ] 앞으로   これから[고레까라]
- [ ] 다음에   次(つぎ)に[쯔기니]
- [ ] 벌써   もう[모ー]
- [ ] 다시   再(ふたた)び[후따따비]
- [ ] 가끔   たまに[다마니]
- [ ] 자주   度度(たびたび)[다비따비]
- [ ] 갑자기   急(きゅう)に[규ー니]
- [ ] 요즘   この頃(ごろ)[고노고로]
- [ ] 점점   段段(だんだん)[단단]

❀ 하루의 시간

- [ ] 새벽   明方(あけがた)[아께가따]
- [ ] 아침   朝(あさ)[아사]
- [ ] 낮   昼(ひる)[히루]
- [ ] 저녁   夕方(ゆうがた)[유ー가따]
- [ ] 밤   夜(よる)[요루]
- [ ] 밤중   夜中(よなか)[요나까]
- [ ] 심야   深夜(しんや)[싱야]
- [ ] 오전   午前(ごぜん)[고젠]
- [ ] 정오   正午(しょうご)[쇼ー고]
- [ ] 오후   午後(ごご)[고고]
- [ ] 하루   一日(いちにち)[이찌니찌]
- [ ] 하루종일   一日中(いちにちじゅう)[이찌니찌쥬ー]
- [ ] 한나절   半日(はんにち)[한니찌]
- [ ] 시간   時間(じかん)[지깡]
- [ ] 시   時(じ)[지]

☐ 분　　　　　　　分(ぶん)[분]
☐ 초　　　　　　　秒(びょう)[뵤ー]
☐ 몇시　　　　　　何時(なんじ)[난지]

✸ 날짜와 요일

☐ 날　　　　　　　日(ひ)[히]
☐ 월　　　　　　　月(がつ・げつ)[가쯔・게쯔]
☐ 년　　　　　　　年(ねん)[넨]
☐ 하루　　　　　　一日(いちにち)[이찌나찌]
☐ 이틀　　　　　　ふつか[후쯔까]
☐ 사흘　　　　　　三日(みっか)[믹까]
☐ 달　　　　　　　〜か月(げつ)[〜까게쯔]
☐ 한달　　　　　　一月(いっかげつ)[익까게쯔]
☐ 주말　　　　　　週末(しゅうまつ)[슈ー마쯔]
☐ 월요일　　　　　月曜日(げつようび)[게쯔요ー비]
☐ 화요일　　　　　火曜日(かようび)[가요ー비]
☐ 수요일　　　　　水曜日(すいようび)[스이요ー비]
☐ 목요일　　　　　木曜日(もくようび)[모꾸요ー비]
☐ 금요일　　　　　金曜日(きんようび)[긴요ー비]
☐ 토요일　　　　　土曜日(どようび)[도요ー비]
☐ 일요일　　　　　日曜日(にちようび)[니찌요ー비]

✸ 년・월・일

☐ 금년　　　　　　今年(ことし)[고또시]
☐ 내년　　　　　　来年(らいねん)[라이넹]
☐ 내후년　　　　　再来年(さらいねん)[사라이넹]
☐ 지난해　　　　　去年(きょねん)[교넹]

☐ 작년	昨年(さくねん)[사꾸넹]
☐ 재작년	一昨年(おととし)[오또또시]
☐ 매년	毎年(まいねん)[마이넹]
☐ 이달	今月(こんげつ)[곤게쯔]
☐ 다음달	来月(らいげつ)[라이게쯔]
☐ 지난달	先月(せんげつ)[센게쯔]
☐ 매달	毎月(まいげつ)[마이게쯔]
☐ 오늘	今日(きょう)[교ー]
☐ 내일	明日(あした)[아시따]
☐ 모레	あさって[아삿떼]
☐ 어제	昨日(きのう)[기노ー]
☐ 그저께	一昨日(おととい)[오또또이]
☐ 매일	毎日(まいにち)[마이니찌]

✽ 날씨

☐ 날씨	天気(てんき)[뎅끼]
☐ 맑음	晴(は)れ[하레]
☐ 흐림	くもり[구모리]
☐ 구름	雲(くも)[구모]
☐ 구름이 끼다	くもる[구모루]
☐ 비	雨(あめ)[아메]
☐ 눈	雪(ゆき)[유끼]
☐ 개다	晴(は)れる[하레루]
☐ 태풍	台風(たいふう)[다이후ー]
☐ 번개	いなづま[이나즈마]
☐ 천둥	雷(かみなり)[가미나리]
☐ 기온	気温(きおん)[기온]
☐ 기압	気圧(きあつ)[가아쯔]
☐ 지진	地震(じしん)[지신]

☐ 홍수	洪水(こうずい)[고-즈이]
☐ 가뭄	日照(ひで)り[히데리]
☐ 소나기	夕立(ゆうだ)ち[유-다찌]
☐ 장마	梅雨(つゆ)[쯔유]

❀ 기후

☐ 기후	気候(きこう)[기꼬-]
☐ 하늘	空(そら)[소라]
☐ 공기	空気(くうき)[구-끼]
☐ 습기	湿気(しっき・しっけ)[식끼・식께]
☐ 안개	霧(きり)[기리]
☐ 얼음	氷(こおり)[고-리]
☐ 얼다	凍(こお)る[고-루]
☐ 이슬	露(つゆ)[쯔유]
☐ 서리	霜(しも)[시모]
☐ 무지개	にじ[니지]
☐ 따뜻하다	暖(あたた)かい[아따따까이]
☐ 덥다	暑(あつ)い[아쯔이]
☐ 무덥다	むし暑(あつ)い[무시아쯔이]
☐ 시원하다	涼(すず)しい[스즈시-]
☐ 춥다	寒(さむ)い[사무이]
☐ 더위먹음	暑気(しょき)あたり[쇼끼아따리]

❀ 동물

☐ 기르다	飼(か)う[가우]
☐ 먹이를 주다	えさをやる[에사오야루]
☐ 개	犬(いぬ)[이누]

☐ 고양이　　　　描(ねこ)[네꼬]
☐ 쥐　　　　　　ねずみ[네즈미]
☐ 바퀴벌레　　　ごきぶり[고끼부리]
☐ 모기　　　　　蚊(か)[가]
☐ 파리　　　　　はえ[하에]
☐ 새　　　　　　鳥(とり)[도리]
☐ 소　　　　　　牛(うし)[우시]
☐ 말　　　　　　馬(うま)[우마]
☐ 돼지　　　　　豚(ぶた)[부따]
☐ 호랑이　　　　虎(とら)[도라]
☐ 까치　　　　　かささぎ[가사사기]
☐ 물고기　　　　魚(さかな)[사까나]
☐ 벌레　　　　　虫(むし)[무시]
☐ 참새　　　　　すずめ[스즈메]
☐ 토끼　　　　　うさぎ[우사기]

❀ 식물

☐ 식물　　　　　植物(しょくぶつ)[쇼꾸부쯔]
☐ 벼　　　　　　稲(いね)[이네]
☐ 보리　　　　　麦(むぎ)[무기]
☐ 풀　　　　　　草(くさ)[구사]
☐ 소나무　　　　松(まつ)[마쯔]
☐ 버드나무　　　柳(やなぎ)[야나기]
☐ 무궁화　　　　むくげ[무꾸게]
☐ 벚꽃　　　　　桜(さくら)[사꾸라]
☐ 꽃이 피다　　　花(はな)が咲(さ)く[하나가사꾸]
☐ 열매　　　　　実(み)[미]
☐ 씨　　　　　　種(たね)[다네]
☐ 새싹　　　　　新芽(しんめ)[심메]

☐ 뿌리	根(ね)	[네]
☐ 잎	葉(は)	[하]
☐ 단풍	もみじ	[모미지]
☐ 낙엽	落葉(おちば)	[오찌바]

✻ 의복

☐ 옷	服(ふく)	[후꾸]
☐ 양복	紳士服(しんしふく)	[신시후꾸]
☐ 양장	婦人服(ふじんふく)	[후진후꾸]
☐ 일본옷	和服(わふく)	[와후꾸]
☐ 바지	ズボン	[즈봉]
☐ 치마	スカート	[스카―또]
☐ 웃도리	上衣(うわぎ)	[우와기]
☐ 원피스	ワンピース	[완피―스]
☐ 오바	オーバー	[오―바―]
☐ 쉐터	セーター	[세―타―]
☐ 와이셔츠	ワイシャツ	[와이샤쯔]
☐ 내복	下着(したぎ)	[시따기]
☐ 런닝셔츠	ランニングシャツ	[란닝구샤쯔]
☐ 속치마	シュミーズ	[슈미―즈]
☐ 팬티	パンティ	[판티]
☐ 양말	靴下(くつした)	[구쯔시따]
☐ 입다	着(き)る	[기루]
☐ 벗다	脱(ぬ)ぐ	[누구]

✻ 장신구

☐ 모자	帽子(ぼうし)	[보―시]

☐ 안경	眼鏡(めがね)	[메가네]
☐ 손목시계	腕詩計(うでとけい)	[우데도께ー]
☐ 장갑	手袋(てぶくろ)	[데부꾸로]
☐ 목도리	えりまき	[에리마끼]
☐ 허리띠	ベルト	[베루또]
☐ 손수건	ハンカチ	[항까치]
☐ 지갑	財布(さいふ)	[사이후]
☐ 신	履物(はきもの)	[하끼모노]
☐ 구두	靴(くつ)	[구쯔]
☐ 운동화	運動靴(うんどうくつ)	[운도ー구쯔]
☐ 반지	指輪(ゆびわ)	[유비와]
☐ 팔찌	腕輪(うでわ)	[우데와]
☐ 목걸이	首(くび)かざり	[구비가자리]
☐ 귀걸이	イアリング	[이아링구]
☐ 가발	かつら	[가쯔라]
☐ 보석	宝石(ほうせき)	[호ー세끼]
☐ 핸드백	バッグ	[박구]
☐ 액세사리	アクセサリー	[아꾸세사리ー]

❀ 식사

☐ 배고프다	空腹(くうふく)だ	[구ー후꾸다]
☐ 배부르다	満腹(まんぷく)だ	[만뿌꾸다]
☐ 맛있다	おいしい	[오이시ー]
☐ 맛없다	まずい	[마즈이]
☐ 밥맛	食欲(しょくよく)	[쇼꾸요꾸]
☐ 아침(밥)	朝食(ちょうしょく)	[죠ー쇼꾸]
☐ 점심	昼食(ちゅうしょく)	[쥬ー쇼꾸]
☐ 저녁(밥)	夕食(ゆうしょく)	[유ー쇼꾸]
☐ 간식	間食(かんしょく)	[간쇼꾸]

☐	밥	ご飯(はん)[고항]
☐	반찬	おかず[오까즈]
☐	먹다	食(た)べる[다베루]
☐	국	しる[시루]
☐	상하다	腐(くさ)る[구사루]
☐	목마르다	喉(のど)がかわく[노도가가와꾸]
☐	마시다	飲(の)む[노무]

❋ 조미료와 맛

☐	조미료	調味料(ちょうみりょう)[죠ー미료ー]
☐	소금	塩(しお)[시오]
☐	설탕	砂糖(さとう)[사또ー]
☐	간장	しょうゆ[쇼ー유]
☐	된장	みそ[미소]
☐	식초	酢(す)[스]
☐	후추가루	こしょう[고쇼ー]
☐	기름	油(あぶら)[아부라]
☐	참기름	ごまあぶら[고마아부라]
☐	깨	ごま[고마]
☐	파	ねぎ[네기]
☐	마늘	にんにく[닌니꾸]
☐	생강	しょうが[쇼ー가]
☐	맵다	辛(から)い[가라이]
☐	짜다	塩(しお)からい[시오가라이]
☐	싱겁다	うすい[우스이]
☐	시다	すっぱい[습빠이]
☐	달다	甘(あま)い[아마이]
☐	쓰다	苦(にが)い[니가이]

❀ 술좌석

☐ 술고래 　　　大酒飮(おおざけの)み[오-자께노미]
☐ 주정뱅이 　　酔(よ)っぱらい[욥빠라이]
☐ 취하다 　　　酔(よ)い[요이]
☐ 각자부담 　　割勘(わりかん)[와리깡]
☐ 이차 　　　　二次会(にじかい)[니지까이]
☐ 첨잔 　　　　注(そそ)ぎだし[소소기다시]
☐ 포장마차 　　屋台(やたい)[야따이]
☐ 술 　　　　　酒(さけ)[사께]
☐ 술집 　　　　飮屋(のみや)[노미야]
☐ 술잔 　　　　さかづき[사까즈끼]
☐ 술값 　　　　酒代(さかだい)[사까다이]
☐ 건배 　　　　乾杯(かんぱい)[감빠이]
☐ 축배 　　　　祝杯(しゅくはい)[슈꾸하이]
☐ 안주 　　　　つまみ[쯔마미]
☐ 기본안주 　　お通(とお)し[오도-시]
☐ 맥주 　　　　ビール[비-루]
☐ 생맥주 　　　生(なま)ビール[나마비-루]
☐ 청주 　　　　日本酒(にほんしゅ)[니혼슈]

혼자배우는
일본어 첫걸음(1단계)

| 초판 1쇄 발행 | 1996년 2월 5일 |
| 초판 8쇄 발행 | 2008년 2월 29일 |

지은이 | 손건
펴낸이 | 이순희
펴낸곳 | 제일법규(제일어학)
        www.jeilbnl.com

주소 | 서울시 서초구 서초동 1512-5호
전화 | 02-523-1657, 597-1088
팩스 | 02-597-6464
대체 | 국민 084-25-0012-739
출판등록 | 1993년 4월 1일 제 21-429호

잘못 만들어진 책은 바꿔 드립니다
ISBN 89-85794-06 - X   03730
ISBN 89-85794-10 - 8   03730

값 : 6,000원